修訂二版

實用
國際禮儀

黃貴美　著

三民書局

國家圖書館出版品預行編目資料

實用國際禮儀／黃貴美著.－－修訂二版十二刷.－－
臺北市：三民，2020
　　　面；　公分

　　ISBN 978-957-14-4047-7　（平裝）
　　1. 國際禮儀

530   93007999

實用國際禮儀

作　　者	黃貴美
發 行 人	劉振強
出 版 者	三民書局股份有限公司
地　　址	臺北市復興北路 386 號 (復北門市)
	臺北市重慶南路一段 61 號 (重南門市)
電　　話	(02)25006600
網　　址	三民網路書店 https://www.sanmin.com.tw
出版日期	初版一刷 1989 年 9 月
	修訂二版一刷 2004 年 6 月
	修訂二版十二刷 2020 年 11 月
書籍編號	S530010
I S B N	978-957-14-4047-7

三民書局

修訂二版序

　　本序文後面摘錄的文章是筆者旅居國外十六年部分外交官夫人生涯的真實寫照。甜、酸、苦、辣點滴在心頭。1984 年在智利大學擔任客座教授的第三年，隨夫婿返國。1985 年在文大觀光系開設「國際禮儀」課程，以生動活潑的教學方式，兼具實務經驗，選課人數爆滿，教室內外座無虛席，門口、窗口均擠滿了學生。在還沒有實施上網選課的學期，學生甚至在清晨五時去排隊選課。(後來選修「國際禮儀」的學生甚至破七百人)。當時正是講求國際化、現代化、自由化、經濟起飛的階段，不管是推展貿易、出國開會、考察、旅遊、遊學均需瞭解國際人士來往的共同規範。除了教學，各機關、工商團體、企業界、學校演講邀約不斷，可以感受到國人對國際禮儀的需求甚殷。民國 78 年春在三民書局、東大圖書公司的誠懇邀稿下，出版了《商業禮儀》及《實用國際禮儀》，普受讀者的喜愛，曾列名暢銷書之一。

　　今 (93) 年一月間三民書局編輯部同仁來電徵詢修訂本書的要求，筆者受其誠意感動；同時經歷了這麼多年，物換星移，有部分內容確實需要修正。不巧的是 2004 年大選發生了一些「求公道要真相」的問題，也擾亂了筆者校訂文稿的心情，因此延緩了一個多月的時間才校訂完畢。相信這一本《實用國際禮儀》將以嶄新的面貌和國人相見。要使國家現代化，要建立一個有競爭力的政府，要成就一個有競爭力的國家，其根本基石在提昇國人的生活品質，也就是增加國人的競爭力。熟讀《實用國際禮儀》將使你受用無窮，昂然邁向一個成功的人生！

　　本書之出版特別感謝外子(前行政院農業委員會主任委員林享能先生)之鼓勵和協助。特為序。

黃貴美　謹識

2004 年 4 月 29 日

　　民國 56 年時，黃理事長的先生任職我國駐海地大使館三等秘書，外派，當地的氣候非常炎熱，高達 38℃，常常沒水、沒電，下雨時需要接雨水洗菜、洗米，生活相當辛苦，卻很愉快。在海地四年期間，黃理事長的第二、三個小孩相繼出生。

　　接下來兩年在阿根廷，當地的生活、經濟及教育都非常發達，還有著名的牛排及歌劇院，偶爾會有像電影中看到的情景一樣，穿著華美的禮服去聽歌劇。但當時臺灣與阿根廷的邦交處在飄零時期，處境艱難。因為經濟狀況無法支付保母費，黃理事長除了照顧家庭、小孩，更要協助先生外交的事務。有時晚上還需陪同先生參加宴會或其他活動，心中卻擔心小孩無人照顧。

　　中阿斷交後，黃理事長回臺灣（當時約 33、34 歲左右），接任文化大學家政系系主任、公關室主任及校友會理事長的工作。2 年 8 個月後，先生又外調委內瑞拉，因為沒有邦交，前後花了 4 個月時間並透過哥斯大黎加的前總統 Luis Alberto Mongé 的協助才拿到簽證。雖然在沒有邦交的國家，且面對中共多方阻撓，仍努力與當地政府、人民及僑社建立良好的情誼，因為用心真誠地待人而結識許多國外人士，成為一生的好朋友。在委內瑞拉六年期間，先生是遠東辦事處主任，沒有邦交，做的都是開疆闢土的工作。看著先生一人獨自面對這麼困難的處境，黃理事長因為愛國心強烈且熟黯英文、法文、西班牙文，便以著機靈、愛心、誠心及耐心，協助先生完成了許多不可能的任務。

　　外交官的生活其實並非如一般人想像的豪華舒適，捉襟見肘的窘況也時常發生。在這期間發生許多令黃理事長感到印象深刻的事，例如：因為經費無著，官邸沙發破了，她便到市場買秤斤的布，親手縫補沙發，手都扎破了。另一件印象深刻的事是：從旅社搬到離辦事處近的官邸，因想藉此機會敦親睦鄰、聯絡與僑社及居民的感情，便在新家舉行一歐式自助餐會，在沒有做安全措施的情況下，沒想到遭人混入會場，在花園中放置炸彈。隔天早上到花園澆花時，發現多了一個很像水龍頭的怪東西，先生看到後，不動聲色的請她先帶小孩外出，等了很久卻不見先生來接，回家一

看，發現大批警察及爆破專家正在移除那顆長得像水龍頭的炸彈。

　　智利四年期間，在當地籌備成立中文學校；因為在無邦交國家，不能如同國內般慶祝國慶，所以舉辦了「慶祝雙十節」活動，與先生一同策劃舉辦了中國文化展、歷代文物展、服飾展……讓中國文化能在海外傳承下去，並邀請當地華僑家庭，大人小孩一同參與，50多人在一華僑家庭裡排演；小孩忙著練習表演、走台步，大人們忙著縫製衣服、作道具……等，而黃理事長則是首次經歷到在沒有瓦斯、爐具的情況下，做出供50人食用的午餐。

　　黃理事長與先生除了努力推展外交事務，對子女的教育也從不輕忽，特別是小孩的語言教育。每次外調不同國家就得學習當地的語言，因為美國學校的費用太高無法支付，所以小孩只好就讀當地一般的學校。對夫婦倆及小孩都很辛苦，因要學習許多不同語言，除了中文外，還有法文、西班牙文、英文……等，一本本厚厚的外交書，每晚都幫孩子查字典，往往兩點以後才能入睡。孩子也很認真，因此，均以優異的成績及在學表現當選模範學生，獲得全校的肯定。

　　有一次青棒隊到委內瑞拉參加比賽，黃理事長兼負翻譯員、廚師、安全人員，照顧他們的安全及生活等；在沒有邦交的地方還要特別注意中共的排擠，國家名稱、國旗等敏感問題。記得當時比賽進行中，中共買通當地人將比賽看板中的 R.O.C. 漆改成 TWN。黃理事長因著滿腔愛國的熱忱，不顧生命危險，穿著高跟鞋一口氣爬上7、8層樓高的牌樓將 R.O.C. 改回來。（摘自《理想家庭》季刊，2002年3月號專訪黃貴美理事長，臺北：世界和平婦女會臺灣總會。）

實用國際禮儀

目　次

第一章

緒論

第一節　禮儀的意義和重要性

一、禮儀的意義

　　中國是文明古國，我們常自豪是個禮儀之邦，中國人遵禮守禮，源遠流長。西漢時的《儀禮》和東漢時的《周禮》所記載的，都是上古時代的禮俗和儀式，以及一套理想的治國制度。所以孔子說：「禮者何？即事之治也。君子有其事，必有其治。」《周禮》中，對於禮的含義認為「夫禮者所以定親疏，決嫌疑，別同異，明是非也」。「禮，不妄說人，不辭費。禮，不踰節，不侵侮，不好狎」。所以禮也者，乃文明國家為規範人群之間的關係，維持社會秩序，而必須普遍遵行的守則和習慣。而儀者，乃儀式，為規定各種場合進退的程序。管子說：「儀者萬物之程式也，法度者萬民之儀表也，禮儀者尊卑之儀表也，故動有儀則令行，無儀則令不行，故曰進退無儀，則政令不行。」因此禮儀乃人與人之間相處的規範，即我國固有倫理道德的一環，也是政治法制的潤滑劑，同時也是國際社會中，國家和國家，政府和政府，人民和人民的來往所普遍遵行的規範和禮節。其本質和所包涵的意義為：

　　1.禮是文明國家端正社會風氣和治國的根本：《禮記‧禮器篇》：「禮也者，猶體也。體不備，君子謂之不成人。」體也者就是維持國家社會綱紀的根本。所以《禮記‧曲禮篇》曰：「道德仁義，非禮不成，教訓正俗，非禮不備。分爭辨訟，非禮不決。君臣上下，父子兄弟，非禮不定。宦學事師，非禮不親。班朝治軍，涖官行法，非禮威嚴不行。禱祠祭祀，供給鬼神，非禮不誠不莊，是以君子恭敬撙節退讓以明禮。」

　　2.禮是用來定人倫之親疏和人與人關係的規範：《禮記‧樂記篇》曰：「禮者，天地之序也。」《禮記‧曲禮篇》又言：「禮者，所以定親疏，決嫌

疑，別同異，明是非。」所以夫婦、父子、兄弟、親友之間的長幼秩序，機關公司中職員間職位高低的尊重，公共場合中排隊的先後，均有賴禮的規範來定分際。

3.禮是個人行為的準則：《禮記·祭義篇》：「禮者，履此者也。」這告訴我們，禮一定要用行為去實踐，切切實實的去做，誠信兼備，言出必行。一個能盡禮的人，他必定是講道義，也必定是有廉恥的人。

4.禮是各種正當的儀式：《禮記·仲尼燕居篇》：「禮也者，理也。君子無理不動。」因此，未經事先約妥時間，不要闖門造訪，男女應有別，男女結合是「人倫之始」，所以要有婚禮，君臣間應有義，所以有朝覲禮等，都是無理不動的範圍。

禮的含義很廣，它是倫理的禮義，是社會的典範，是個人行為的準則，也是國家的典章制度。三千多年前，我們的祖先即明確的釐定了它的分際，並加奉行，維繫我國的文明為禮儀之邦而不墜。

禮儀之為用，並非獨盛行於中國。在西洋的社會中，有關禮儀 (etiquette) 的論著，已汗牛充棟。歐美國家也注重禮節，etiquette 一詞，即指一般的禮節，為一般行為規則的準則，也是指一般社交應酬的方式。而 courtesy 一詞，即指一般的禮貌，為客氣禮讓的行為，也是給予尊重的禮遇表示。至 ceremony 即典禮一詞，及 formality 即儀式一詞，乃對一般繁文縟節的規範，將行為方式，如民間的婚、喪、喜、慶，政府的施政，治軍；國際間的派使，訂約；國際會議的舉行，給予莊嚴化和秩序化。所以所有文明國家都重視禮儀，我們的政府前後頒佈「新生活須知」、「國民禮儀範例」及「外交禮節」等範本，促請國人遵行，到了晚近，學習國際禮儀的也越來越普遍，並為大家所重視。

二、禮儀的重要性

人類是絕頂聰明的動物，可為善，亦可為惡，到底人性善乎？還是性惡？自古以來即爭論不休。孟子主張性善，故說：「人性之善也，猶水之就

下也！人無有不善，水無有不下。」但荀子則認為不然，他生在戰國時代末期，中原已屬於混亂，而子弒父，臣弒君，倫理道德蕩然，豈是充滿宅心仁厚，善行處處的社會？所以他主張性惡。因此他說：「人之性惡，其善者偽也。」他看出了人性陰暗的一面，貪婪、利己、好色和惡勞，故極力倡導禮治。他說：「人生而有欲，欲而不得，則不能無求，求而無度量分界，則不能不爭，爭則亂，亂則窮，先王惡其亂也，故制禮義以分之，以養人之欲，給人之求，使欲必不窮事物，物必不屈於欲，兩者相持而長，是禮之所起也。」又說：「故古者聖人，以人之性惡，以為偏險而不正，悖亂而不治；故為之立君上之勢以臨之，明禮義以化之，起法正以治之，重刑罰以禁之，使天下皆出於治合於善也。」因此他認為「禮者，人道之極也」，「禮者，所以正身也」，「禮者，人之所履也」；「凡用血氣意志知慮，由禮則治達，不由禮則勃亂提慢；食飲衣服居處動靜，由禮則和節，不由禮則觸陷生疾；容貌態度進退趨行，由禮則雅，不由禮則夷固僻違，庸眾而野，故人無禮則不生，事無禮則不成，國家無禮則不寧」，荀子在二千多年前，即已看出禮的重要性。

　　時至今日，國際航空交通迅速，無論多遠的航程，幾朝發夕至，天涯若比鄰，人與人間的來往接觸，日趨頻繁，也日趨密切。臺灣的人均所得在一九七〇年僅為 389 美元，一九八〇年達到 2,344 美元，十年間增加了6 倍，一九九〇達到了 8,111 美元，增加了 3.5 倍（平均年成長率為 13.2%），於二〇〇〇年達到了 14,118 美元，是三十年前的 36 倍。論經濟發展，已是世界第十五大貿易國，二〇〇三年之貿易額超過二千七百億美元，國內工商界人士赴國外從事市場調查、推銷、拜訪客戶、參加商展者，已絡驛於途。外國客戶來臺經商者，也紛至沓來，外商來臺設廠或設分公司者也日見增多，觀光客也逐年增加。而國民所得之增加，出國旅遊的民眾，不絕於途，而出國留學也早已蔚成風氣。國人活動的領域，已廣被世界各地，投身各文化背景不同的國家。而入境問俗，我們會否貽笑外邦？或在臺灣接待外國朋友，我們會不會泰然自若，不會有隔閡？要如何遊於四方，不辱華人之光榮？學習國際禮節，已變成國民修身的基本課業。政府有鑑於

學習一般禮儀的必要，於民國八十年一月二十六日修訂「國民禮儀範例」，採取了一般禮儀的準則，融合我民俗儀禮，不但列為中華文化復興運動之項目，並規定應擇要列為國中、國小公民課程教材，各種訓練機構應列為訓練科目，省、縣、市應廣為推行，並要求在村里民大會暨動員月會中，鄉鎮區公所應聘請專人講解。同時要發動家庭推行實踐國民禮儀範例，訓練子女自幼嫻習禮儀，以養成國民應對進退的合乎禮儀的基礎。此外又要求全國大眾傳播機構協助推行國民禮儀範例，政府之重視禮儀教育，可見一斑。

對於投身工商界服務者，如任職貿易公司、投資公司、旅遊業、觀光飯店、工廠之公共關係室、銀行、保險、百貨公司、藝品店等等，接觸外國人之機會甚多，對禮儀的學習需要，更比一般國民更為殷切。對青年學生而言，隨著留學政策之開放，國民所得之提高，只要有志一試，幾大部分人均可赴國外留學。教育部委託救國團舉辦的留學生講習會中，亦必講授「國際禮儀」的課程。即令不出國經商、遊覽或求學，我們在日常生活中，也應培養自己的氣質、風度、學識和應對進退的涵養，使自己的一言一行，一顰一笑，一舉一動，均能中規中矩，彬彬有禮，給人留下好的印象，有助於增進自己的人際關係，幫助自己的事業成功。家庭生活的美滿，和諧社會的建立均有賴於禮儀之推展。

第二節　禮儀的淵源

禮之起源，是由習俗演變而來的。觀諸世界各地的先民文化，可以說有人類必有俗，有俗必有禮，有禮必有制。《易》曰：「有天地，然後有萬物，有萬物，然後有男女。有男女，然後有夫婦，有夫婦，然後有父子，然後有君臣。有君臣，然後有上下。有上下，然後禮義有錯。」哲學家盧騷 (J. J. Roussau) 認為人類演進的方向有三方面：㈠由自然 (nature) 演進到文化 (culture)；㈡由獸性 (animality) 演進到人性 (humanity)；㈢由感情

(affectivity) 變為知識 (intellectuality)。世界各地的先民，在遠古時代，生活在蠻荒中，只知捕魚獵獸，採食果實，但為適應環境，抗拒自然界的危險，遂形成群居生活，再經漫長的演變，有了氏族的雛形社會，再由氏族發展成部族，由部族發展成民族，此為人類社會的形成。人類形成群體生活後，經長期的共同生活，逐漸孕育了共同生活的習慣，這種習慣，也就是風俗，也就是習俗，此種習俗，經長期使用並統一規範，就變成了禮。例如先民之初皆赤身裸體，後為蔽體以求保暖及遮羞，遂懂得以衣蔽身，人人習之，自然而然的變成了習俗。後來隨文明的進展，對衣著有了規範，或男女有分，或廟堂與住家有別，或要求整潔，這就成為禮俗。又如先民辟居遊獵時代，是雜交的階段。《白虎通‧三綱六紀》中載稱：「古之時，未有三綱六紀，人民但知有母，不知有父」，有了三綱六紀的規範，便形成了道德規範，演變成禮。後來男婚女嫁有了儀式，於是禮俗便形成。

　　禮的形成，源於俗。禮俗源於自然界者，為先民敬天畏神的觀念和認識。以大自然中，人力無法克服的現象，如山川之壯大、日月之高懸、閃電雷鳴之懾人、地震的恐怖等，在在使先民畏懼，因此相信有形的天地間，有無形的神的存在。對此種超乎人類的神，各地的先民均普遍崇拜和尊奉。有創造宇宙的神，即萬物之主，以及日月星辰山川的神等等，所以認定「有天地，然後有萬物。有萬物，然後有男女。有男女，然後有夫婦。有夫婦，然後有父子，然後有君臣。有君臣，然後有上下。有上下，然後禮義有所錯」。先民以大自然的秩序法則，用之於家庭倫理，再擴大用於政治倫理上，遂形成「父子有親，君臣有義，夫婦有別，長幼有序，朋友有信」的道德標準，也就是禮的基本法則所在。

　　由於先民的敬天畏神，就產生了祭天拜祖的習俗。禮的取義，《說文解字》中說明：「禮，所以事神致福也。從示從豊，豊亦聲」，而「豊，行禮之器也」。所以禮的本身，取義於拜天祭神。遇有重大事件，即祭天保佑；遇有災禍，如洪水成潦，苦旱成災，即祭天消災；為求風調雨順，也祭天祈福。並且相信風調雨順，五穀豐收，子孫昌盛，乃神明所賜，倘災禍連連，則相信悖逆了天意。除祭天拜神外，也祭拜山川土地諸神、祖先及陰

間的鬼。人類的生存，與土地關係密切。古代，即以皇天后土並稱，今人遇發誓的場合，也鄭重的表示皇天后土共鑑。「后土，即社神也」，社神包括了社稷、五祀、五嶽、山川、林澤等，其中又以社（指土地）和稷（指穀類）最為重要，於是奉社稷為神，立壇設廟祭之。此外，我們中國人自古以來所強調的是生不忘本，落葉歸根，對祖先的崇拜，始終不衰。《禮記・祭統》中云：「孝子之事親也，有三道焉：生則養、沒則喪、喪畢則祭」，孔子也說：「生事之以禮，死葬之以禮，祭之以禮」，對祖宗的崇拜，何止祭祀，常常向祖宗祈求納福，望祖宗庇陰。祭祖的虔敬，也擴大為敬老尊賢，並祭先聖先賢。《禮記・祭法》曰：「夫聖人之制祭祀者也，法施於民者，則祀之；以死勤事者，則祀之；以勞定國者，則祀之；能禦大災捍大患者，則祀之。」上述祭天、祭神、祭祖、祭先賢、祭義士的禮俗，不但約束了人類的放縱僭越，並且將倫理道德納入規範中，並有發揚人性光明的一面。《禮記・祭統》云：「夫祭，教之本也，外則教之以尊其君，內則教之以孝其親」，即是這個道理。祭祀也形成了禮儀的一部分。

　　我國在商代，社會結構漸緊密穩固，道德文明也漸成形。到了周朝，周公制禮作樂，以禮治天下，使中國成為禮治之邦，使中華文化奠下文明的根基。周朝傳下的三種典籍，《周禮》為典章制度之本，將百官所掌，詳為記載。《儀禮》一書，為人事、舉止進退和社會的規範，而《禮記》是闡釋禮儀的經義，記述禮的制度，成為歷史上的異彩。到了孔子，因襲於周公，亦注重禮教，禮亦成為儒家中心思想之一，克己復禮為仁，使禮不但是用來克己，而且用來節眾。自孔子以降，孕育於商，成於周的禮儀，便綿延流長存續到現代，當然並非古禮全存，因為社會的演變，許多古禮已不復用。

　　今日任何國家所遵行的禮儀，排外唯我獨尊者幾不可能。由於國際社會的關係密切，交通來往又甚便捷，許多禮儀已國際化。就我國而言，自漢朝時代有絲路與西域相通以降，印度文明與佛教的傳入，波斯商人的來華經商，明成祖時鄭和下西洋，中國仍是維持單一文化的國家，對外族的文明，包容兼蓄，加以融化。至清末，鴉片戰爭後列強頻頻扣關，造成中

國門戶的開放，維持了二千多年的禮儀，受到西洋禮儀的衝激，於是我們不能不加以接受，故今日探討禮儀，商業禮儀，國際禮儀，乃至外交禮儀，均容納了西洋禮儀。西餐的吃法，西洋的禮服，婚禮的儀式，接待外賓的儀式，座位的安排，舞會、觀劇的禮儀等等，都是採自西洋禮節。即令目前，有關禮儀的規範，仍然在演變中，繁文縟節，多逐漸簡化，並逐漸國際化。

摘　要

　　本章主要說明禮儀的意義和重要性及簡介禮儀的起源。我們常自豪是禮儀之邦，因此著者在本章緒論中，引述許多《周禮》和《禮記》中有關禮的闡釋，此點著者必須說明，並非觀念老舊，而係古禮的規範，我先民遵行了二千多年，迄今放之來往錯綜複雜的國際社會，仍可作準繩及參考的價值。

　　學習國際禮儀，乃作為現代人必須學習，並須時而習之，日日習之的課目。事實上，政府於民國八十年修訂「國民禮儀範例」時，曾規定應納入國中和國小的公民課程。而有志從事工、商和服務業服務之青年，更應研讀和力行。

第二章

個人的禮儀

第一節　說話的藝術

西諺有一句名言:「天給人兩隻眼睛,兩個耳朵,但只有一張嘴,那是要人多見聞,少說話。」我們常說:「病從口入,禍從口出」;又說:「一言興邦,一言喪邦」,可見說話對一個人的事業,誠信和形象的重要。

從談話中,我們可以看出一個人的學識和修養。他是不是指手畫腳,音調高昂,或是口沫橫飛,或是儒雅有君子淑女之風,彬彬有禮,直接的會讓對話的人及其他的聽眾產生難以磨滅的印象,因此無論是從政或從事工商的人士,不能不注意說話的藝術和禮儀。

古人有訓:「駟不及舌。」意指一言既出,萬馬難追,故不能不慎言。尤其現在人與人之間密切來往的社會,我們更應該認清自己的角色和立場,把握分際,多利用自己的智慧,將藝術融於說話中。如果一個人固執己見,常意氣用事,得理不饒人,甚至口無遮欄,那麼不論做什麼事,必定淪於失敗,即使在家裏,也會不容於親人。許多嫌隙,常起於失理之言,常云:「贈人以言,重於珠玉,傷人以言,甚於劍戟。」因此,說話不能不三思,最好能講究藝術。

人與人之間的對話,要能取悅於人,不傷和氣,必須具備下列原則:

1. 說話要誠懇:文天祥秉持:「天地間只一個誠字,更顛撲不碎。觀德者只觀人之辭,一句誠實,便是一德,句句誠實,便是德進而不可禦,人之於辭也,其可不謹其口之所自出而苟為之哉?」君子之言,信而有徵,要能取信於人,贏得人家的好感,必須言出真誠坦白。須知誠能感人,如果說話不誠實,不如不說。「多言而不當,不如其寡」,「輕諾必寡信」,我們都相信,這些都是顛撲不破的道理。

2. 態度要謙虛:誠能感人,謙則受益。說話切不可盛氣凌人,驕傲狂妄,必須謙虛為懷,和顏悅色。尤其在西洋社會裏,說話談吐,很講究謙虛,對於一件事理的表達,除論斷是非場合,得率直表達,用「當然」、「不

必」、「不需要」等用詞外，一般場合，總是謙虛的使用「我想……」、「如果我沒有錯的話……」、「我覺得……」、「好像……」、「似乎……」等，讓人聽來，會有很隨和客氣的感覺，而且對談話的論點，留下轉圜的空間，不會走入死胡同，沒有妥協的餘地，就是你的道理甚明，也不必理直氣壯，最好能婉言相告，但寬厚中不能失尊嚴，如何拿捏得體，有待一個人的修養和歷練。虛懷若谷，無論在國內或在海外，都是時時必須注意的。

3.聲音要適度：不能太高，也不能太低，同時速度不能太快，也不能太慢，每個字必須發音清楚，同時所要表達的事情，要簡單明白的說出來。因此當一個人從事公洽或私下談話時，必須持重穩定，心定神至，自然能夠侃侃而談，條理分明，也會給他人留下溫文儒雅，穩重篤定，而風度翩翩的印象。

4.說話要客觀：不能太武斷，即使一個人的口才再好，如果強詞奪理，不但不會被人接受，反而會引起人家的討厭。尤其我們必須要注意，一個人喜形於色時，必言多而失信；當一個人怒火攻心時，言多必失體。因此一個人在說話時，應儘量避免情緒化，要懂得克制，善用智慧，鎮定的應對或表達。

5.應多發揭說話的主題：當友好相聚，久別重逢，自然會無所不談，談而不盡。但作為一個現代人，無論從事何種行業，應酬往來，已不可避免，在一個眾多陌生人的場合，面對許多初次相識，或雖識而交往不深的客人，總不能孤立自己，應該合群樂群，和人交往。這時候除了自我介紹外，應該機智的去發揭談話的題目，固然談談天氣也可以，但那是俗不可耐的事，不如談談引起大家所關注的海內外大事，股票的起落，或者是文學、藝術、音樂、體育，引起大家關注的環境污染、傳染病，乃至於令人恐懼的愛滋病等，普遍的會引起人家的興趣和共鳴，不過談話要深入，必須平時多加留意，只有具備豐富的知識，才能使一個人落落大方的因應，並能侃侃而談，無論爭取人家的友誼或處理事情，才會如魚得水，無往而不利。

6.要避免跟人爭執：不要話裏帶刺，存心諷刺，存心諷刺對方，或攻

訐人家的短處，傷了人家的自尊心，引起人家的反擊，導致口角，甚而動粗，這些都要避免。

7.要有幽默感：一個有幽默感的人，碰到尷尬的場合，或者是僵持的局面，往往用一句幽默的話，便能化解困局，並贏得人家的好感。著者有幸，有一次參加外交部為招待款宴來華慶賀總統就職國賓的宴會，席設圓山飯店的草坪上，未料宴會前下雨，因此宴會臨時改在金龍廳內舉行，與宴賓客多有不耐，等到大家坐定，當時的禮賓司司長夏功權大使上臺致意，聽他打開話匣，他說：「今晚的宴會原本設在宜人的露天草坪，但是天公不作美，下了不該下的雨，很抱歉臨時將宴會改在這個廳舉行，準備不週，請多原諒，明天你們會有一位新的禮賓司長了！」他的言外之意是他會被撤職了。眾多賓客無不為這幽默而群起鼓掌，原先的怨言，也頓時消散，宴會遂在融洽的氣氛中進行。這只是一個例子。美國前總統雷根是一位很機智又幽默的總統，他化解尷尬場面的功夫，很值得我們學習。

8.不要有失態：譬如對人評頭論足，或虎視眈眈的瞪住對方的眼睛，或左顧右盼，或張著嘴巴打呵欠，或拉扯對方，或迎面打噴嚏或屢屢看手錶等，都是失態的行為。在跟人說話時，儀態要保持，要和顏悅色專注的正面視人，看對方的面部，彬彬君子，溫順淑女，必然的要具備這些良好的儀態。

9.不要吝嗇多給人家讚美：適當的讚美，必然的會贏得人家的好感。無論小孩、大人乃至老人，都喜歡人家讚美，不過讚美必須得體，否則流於諂媚，不但會引起人家的反感，且會讓人懷疑諂媚者的動機。而被讚美者，切不可喜形於色，須反應得體。如人家讚美你的衣服說「好漂亮」，你切不可答以：「那是進口的，很貴喲」，必須答以「多謝你的讚美」。因為喜形於色，刻意誇耀，說不定會給人難堪。

10.不要探人隱私：在中國的社會裏，對隱私權的尊重較為鬆懈，但在西洋的社會中，那是人人必須注意的禮節。一般而言，諸如下面的例子，是必須避免的：

(1)問人家的年齡。

⑵問人家的薪水或探詢財產。

⑶責問式的問人家為何不結婚？為何不生小孩？

⑷好奇的問人家身體的殘障或缺陷。

⑸貿然的問及性的問題。

⑹人家贈送禮品，冒失的問價錢多少？

第二節　日常應對進退的禮儀

一、介紹與稱呼

人與人之間的來往，尤其是交際場合中，要彼此能認識，最好經過介紹。一般情形，作為主人的，必須將賓客介紹給賓客，如果主人因客人太多，無法一一介紹，則自行介紹是必須的，才不致有唐突冒失的情形。

㈠介紹前應注意事項

　1.確定被介紹人的姓名，如果有疑問，必須先問清楚。

　2.確定被介紹人與賓客並無不睦交惡之情形，如果有不同國籍人士，須考慮被介紹人之國家是否有邦交。

　3.如客人正在交談，或在展覽場所觀賞入定，或在洗手間，或在行走中，新來者與將離去者交錯等情形下，均不宜介紹。

㈡什麼情形下，應進行介紹？

　1.在歡迎某新客的聚會，主人應將新客姓名介紹給大家，再將來賓依序介紹給新客。

　2.小型宴會中，主人應為來賓逐一介紹。

　3.大型宴會中，主人無法全部顧及，可就近身者為之介紹。

4.賓客之間，可互相介紹。

5.兩人有意互相認識，任何一方可請熟識的朋友介紹認識。

6.遇女主人並不認識時，賓客應自行自我介紹。

7.在宴會中，若與鄰座客人不認識時，可先自我介紹。

(三)介紹的順序

1.在西洋的社會，女士優先 (lady first) 為普遍被接受的原則，因此一般情形下，應將男士介紹給女士。但遇男士地位崇高，如元首、議長、部長、參議員、主教、大使等，則應將女士介紹給上述男士。

2.應將低階者介紹給高階者。

3.將年幼者介紹給年長者。

4.將未婚者介紹給已婚者。

5.將賓客介紹給主人。

(四)如何介紹？

在一般洽公、拜訪、經商的場合，造訪者通常有禮貌的遞上自己的名片，報上自己的身分，如「我是美亞公司的總經理，這是我的名片」，就可介紹自己。但在一般正式的場合，如在宴會或酒會中，要如何介紹，必須熟悉下列原則：

1.認清對方的身分，妥用適當的稱呼：如對總統下至部長的官員，除用「總統先生」(Mr. President)、「總理先生」(Mr. Prime Minister)、「部長先生」(Mr. Minister) 外，可統稱「閣下」(Your Excellency)。對皇室則稱「國王陛下」、「女王陛下」(英語皆用 Your Majesty，但對小國的國王，在中文仍用陛下，惟在英語則用 Your Highness)。其他政要的稱呼，可用其官銜或姓，如最高法院院長先生 (Mr. Chief Justice)、大法官先生 (Mr. Justice)、國務卿先生 (Mr. Secretary)、參議員先生 (Mr. Senator)、州長先生 (Mr. Governor) 等。對軍職人員，上將、中將、少將，一律稱將軍（陸空軍稱 General，海軍為 Admiral），校級軍官統稱 Colonel。對教宗稱聖座 (Your

Holiness)，樞機主教為 Your Eminence，總主教為 Your Excellency。對大使稱「大使閣下」(Your Excellency) 等。

2.普通男女之間，對男士均稱先生（Mr. 為 Mister 之縮寫），對已婚女士稱夫人或太太（Mrs. 為 Mistress 之縮寫）。對未婚女性稱小姐 (Miss)。至英語中的 Sir，一般而言，下屬對上司、年輕人對年長者、學生對教師、生意人稱對方等，均可使用，平輩中則不宜使用。法語中的夫人 (Madame)，在法語國家用作統稱的夫人或太太外，在英語國家，多為僕傭對女主人稱呼時使用，因此平輩或對上層，少用為宜。在西方的社會裏，寡婦始終用其夫名稱為「某某夫人」，與人同居雖狀若夫妻，不可稱為「某某太太」。至離婚的太太，則用其本名加夫姓，如本名為 Jenny Ford，其夫名為 Jack Smith，則用其名加夫姓，稱為珍妮斯密斯夫人 (Mrs. Jenny Smith)。但女士一再續婚如影星伊麗莎白，離婚後則必須將前數任丈夫的姓拋棄，只能使用前一任丈夫的姓。目前在我國的社會中，已婚的職業婦女，被稱為某某小姐，有意規避夫名或夫姓，這是不倫不類，與國際禮儀相違背。

3.將職位低者介紹給職位高者：如「報告部長，我可否介紹林先生給您?」 "Mr. Minister, May I have the honor to present to your Excellency Mr. Lin?"；「董事長，我可否介紹陳先生給您?」 "Mr. Chairman, May I have the honor to present to you Mr. Cheng?"

4.將年幼者介紹給年長者：如「林先生，我介紹王先生給您見面好嗎?」 "Mr. Lin, I have the pleasure to introduce to you Mr. Wang."

5.介紹自己的另一半給朋友認識：如「張先生，這是我的太太琳達」 "Mr. Chang, I want you to meet my wife Linda."

6.自我介紹：如「我叫李大山，臺大教授，請問貴姓大名?」 "My name is Lee Ta-san, professor of National Taiwan University. May I have your name?" 或「很榮幸遇見您，我叫李大山，臺大教授」 "It's my pleasure to meet you. My name is Lee Ta-san, professor of National Taiwan University."

7.必要的寒暄。當一個人被介紹給新朋友認識時，應先開口寒暄，如 "How do you do?" "Hello, how are you?" "I am very glad to meet you."

8.一般的情形，如女士們已就坐，在介紹時可以不起立，點頭微笑致意即可，但女主人則必須起立與來賓致意。

二、日常應對的禮儀

1.在我們的社會裏，似乎民以食為天，遇到相識的人寒暄，常問「你吃過飯沒有?」或者問人家:「你到那兒去?」問人吃過飯沒有? 唐突之間，似表示如尚未吃飯，則我請你的意味。至於問人到那兒，實際上已干涉了別人的隱私權。

2.日常應養成高雅的應對，如問候: 早安、午安或晚安;「好久不見，近況可好?」或「你好吧?」等。如別人先致意，應禮貌的互道早安、午安或晚安，或「我很好，謝謝，你呢?」或「託福，我很好; 謝謝你」等。

3.應對之間，應多使用「請」、「拜託」、「謝謝」、「對不起」等感性的用詞。有求於人，勿忘用「請」字，受惠於人，勿忘說聲「謝謝」，失禮之時，勿忘說聲「對不起」。至粗魯的話，如「活該」、「怎麼樣」，最好不要使用。即令在家亦該如此。

4.遇到熟識的人，應打招呼，或微笑點頭，不可視而不見。如戴帽則應脫帽。

5.對人打招呼要有禮貌，再熟的朋友如在公共場所，不能直呼名字，宜稱呼其官銜或職稱，如「某局長，您好!」或「某經理您好!」對不太熟稔者，長輩、平輩概可用某先生或某小姐。

6.問候寒暄時，應面帶笑容。微笑是最好的語言。但笑要有程度，不可大笑。

7.避免當面打噴嚏、打嗝、咳嗽、嘔氣、呵欠，萬一無法克制，應說對不起。

8.在公共場所如餐廳、飯店、圖書館、博物館、車站等場所，應對不能高聲喊叫，宜小聲問候交談。

9.在有許多人的場合遇到同鄉，切忌遽用方言，這是不禮貌的舉動，

應使用讓大家聽得懂的國語，如係有外賓的場合，則應使用外語。

10.與友人談話，切勿揭人隱私，或蜚短流長。

11.男女間的應對，應有分寸，不可問及女士之年齡、是否已婚，乃至薪水多少、配戴的手飾值多少錢等。

12.對他人的談話，不可心存好奇竊聽，聞知之餘，亦不可傳頌。

三、日常進退的禮儀

1.進退之間，應遵守基本的禮節，即：長幼有序，職位高低有分，前後、右左有別，男女間重禮讓等。

2.走路時，前為大，後為小，右為尊，左為次，應知所先後，自擇適當的位置禮讓長者、位高者，或女士。

3.在任何場合就座時亦然，應知位有尊卑，應先瞭解自己介於何者間而就座。

4.搭乘電梯、上下樓梯、乘車、買票等，必須排隊，依序等候，切勿插隊。

5.在乘坐車船之場合，對老弱婦孺應讓座。對自己之師長及長官等，亦應讓坐。

6.遇收受禮物、接遞茶水、呈送文件物品等，宜以雙手為之，最好不要用單手。

7.男女同事、同學、鄰居等相處，應避免碰觸女士的身體，或故作親暱狀。如無意間碰到，應道歉。

8.無論在家或辦公室，關門宜輕，拖拉椅子亦然。

9.平時在家，進入父母、兄弟、姊妹之房間，必先敲門，獲應聲同意再進入。辦公室亦然，未經同意，不得入內。

10.別人在談話，事不關己，應即迴避。

11.護送女士返寓或回旅館，應知進退，送至門口即宜告辭。

12.遇上下車或過馬路，對老弱應加扶持，對殘障亦應予以協助。

第三節　敬禮與答禮

敬禮的種類有立正與注目、點頭、握手、鞠躬、舉手、吻手、屈膝、擁抱、親頰等。

一、敬禮的一般原則

1.職位低者應向職位高者敬禮。

2.年幼者應向年長者敬禮。

3.資歷年歲相若者，不分先後，互相敬禮。

4.未婚女子應向已婚女子先行禮，年高德邁者除外。

5.敬禮時，不可口含香煙，儀容須端莊。

6.升降國旗或演奏國歌時，須就地竚足行注目禮或舉手禮。但收音機及電視機所播放的，則不必行敬禮。

7.在不方便的場所，如廁所、浴室、病房、理髮廳，或緊急場合，如水災、火警、空襲等，都不必行禮。

8.受禮者，應行相當的答禮。

二、敬禮的方式

(一)點頭禮，即頷首禮

平輩友好相遇於途中，在行走中可行點頭禮，但如遇到長官或長輩，則宜立正點頭。一般情形，長官對部屬、長輩對幼輩、師長對學生，可行點頭禮。如戴帽時，應先以右手脫帽，再行點頭禮。但軍人著軍服，則不宜行點頭禮，但在室內不戴軍帽時，則可行使。

(二)鞠躬禮

東方人多行鞠躬禮，西方則多行握手禮。鞠躬禮之行使，須立正，戴帽者須先以右手將帽脫下，上身傾斜不宜超過三十度，眼睛注視受禮者，俟受禮者答禮後，再恢復立正姿勢。行鞠躬禮應注意事項如下：

1.目前國內於慶典時對國旗及國父遺像，婚禮及喪禮弔祭，均行脫帽三鞠躬禮。

2.晉見元首於入謁時，步近元首前約五步行一鞠躬禮，俟元首答禮，命坐即坐。辭退時，應行禮如前。

3.晉見長者於延見時，應於步近長者三步前行一鞠躬禮，辭退時同。

4.資淺者見長官、年幼者見年長者、學生見師長，應向長官尊長行鞠躬禮，答禮者此時宜行鞠躬禮。

5.介紹男士與女士時，女士應行作鞠躬禮或握手禮的表示。

6.男士遇熟識的女士，必須俟女士有鞠躬禮表示時始行禮。

7.年齡地位相若者相遇，誰先行禮，可以不拘。

8.行鞠躬禮時，宜和顏悅色，如係與外國友人，於行禮畢，應即寒暄："How do you do?""How are you?" 或 "Hello"。

9.回教國家不行鞠躬禮。東方其他國家或西方國家行鞠躬禮時，多行一鞠躬禮。

10.歐美人士於晉謁女王時，多用屈膝禮，教徒謁見教宗，行跪一膝而吻手之禮。

(三)握手和吻手禮

古代的歐洲，見面時為表示手中並無武器而互相握手，藉以表示友好，現握手禮已通行世界。行禮的方式，於距離受禮者約一步，伸出右手，四指併攏，拇指張開，向受禮者握手，禮畢即鬆手。行此禮應行注意事項如下：

1.可輕微上下搖動，但弧度不能太大。

2.如戴手套，須先脫去，握畢再戴上。女士之間行握手禮，則可免。

3.與女士見面，除非女方先伸手，否則男士不宜行握手禮。

4.握手時間不宜太久。

5.男士之間握手，有力表示親切，但與女士握手，則用力不能太猛。

6.有多數人在場，應依序逐一握手。

7.遇長官或長者，不宜先伸手，除非長官或長者先伸手，不然應行鞠躬禮。

8.主人和客人間，主人應先伸手。

9.女士間應以年長或已婚者，先行伸手作握手禮的表示。

10.如有手疾，或弄髒或弄濕，可聲明不行握手禮。

吻手禮：屬拉丁語系的國家及歐洲除英美以外的國家，行吻手禮的風俗甚為普遍。一般高層社會之婦女，尤其是貴族，遇見男士時，稍傾其上身，伸手，手指下垂，此時男士須謙恭執其手指，稍提起，吻其手背，或作輕吻狀，這就是吻手禮。行吻手禮時，應注意下列各點：

1.女士若未先作表示，男士不能強行。

2.吻手多作意思表示，輕吻即可。

3.男士不可對未婚女子行吻手禮。

4.吻手禮多在正式酬酢場合行之，在一般公共場所，或在街上，不行吻手禮。

(四)擁抱禮和親頰禮

在拉丁美洲、中東，乃至東歐俄羅斯，於男士間，或女士間相見，伸開雙手，右手高伸，搭對方左肩上方，左手向對方右脅往背後輕輕環抱，並用手輕拍對方的背，表示重逢的喜悅和親密，於離別時，則表示珍重，稍作寒暄或道別，再鬆手復原。在拉丁美洲國家，如屬至親友好，男女之間，亦普遍行擁抱禮。行此禮切忌緊抱或搭錯位，一般我國人與外籍人士行此禮，除少數訓練有素的外交官外，多表現躊躇不前，尷尬者多。

歐美國家人士，行親頰禮的也很普遍。或由男士主動，或由女士主動，

都不失禮。一般而言，只輕吻其右頰，表示友誼，有親了右頰，又再親左頰的，這只有很親密的至親友好，才作此禮。至戀愛中的男女，見面擁吻，這已不是國際禮儀所探討的項目了。

㈤立正和注目禮

立正後同時注目，這是軍人於參加校閱、紀念式，或聆聽長官訓話時，常用的禮儀。立正姿勢，兩腳跟靠攏，腳尖各向外分開約四十五度，挺胸、收腹、頭伸直，下顎向內微收，兩眼向前凝視，這就是標準軍人的姿勢。但民間人士行此禮，要求並未像這樣嚴格，只要採立姿，眼睛注視即可。

㈥舉手禮和扶手禮

舉手禮為軍人行禮最基本的方式。無論室內或室外，徒手戴帽或徒手不戴帽，行進中或停止間，一聲敬禮，則舉右手，上臂與肩平，小臂向內彎，五指伸直合攏，中指與食指輕觸帽簷或右眼眉梢，掌心向外，採立正注目之姿，莊重敬禮，禮畢，右手放下，稍息，恢復原狀。目前，我各級學校的學生，亦採用舉手禮。民間交際往來，不論國內或西方社會，則鮮少採用。

至於扶手禮，則用於文人檢閱儀隊，向回教徒弔喪致哀，或祭禮中吹安息號時採行。其禮式，為立正姿勢，右手內舉至胸前，掌心貼在心臟部位，即成禮，禮畢，恢復原位。

㈦脫　帽

脫帽雖非一禮節，但卻是禮貌的表示，下列各種場合，應行脫帽：

1. 男士進入室內時。
2. 在路上行走，對長輩或朋友致意時。
3. 在電梯中遇有女士。
4. 在電影院就座後。
5. 在路旁與女士交談。

　　6.伴女友同行，遇其他男士脫帽向女友致意時。

　　脫帽的方式，右手舉帽稍離頭部，頭稍向前傾致意。如係硬邊高帽，可以右手執帽緣，將帽舉離頭部，將帽前緣稍下傾致意即可。

(八)拱手禮

　　此為我國特有的禮節，春節賀人「恭喜發財」，一般皆雙手互握，右手掌包住左手拳頭，雙方高舉齊眉，向友人致敬，或致意，或道謝，或道賀。但只適用於國內。

(九)其　他

　　其他如英國及國協會員國間流行之屈膝禮，行禮時右腿向前屈，左腿向後伸，表示敬意。遇重大慶典晉見，或總督賜宴，女士多行屈膝禮，男士則行握手禮。

　　在元首款宴，蒞臨或離開會場，重要集會主持之首長蒞臨和退席，乃至入坐後有尊長或來賓的蒞臨，均應起立致敬。

摘　要

　　在國際禮儀中，最基本的為個人的禮儀。本章所述，分說話的藝術、日常應對進退的禮儀、敬禮與答禮等三節。其中說話的藝術，介紹了各項原則。在第二節日常應對進退的禮儀方面，就介紹和稱呼，日常應對的禮儀和日常進退的禮儀作了概略的說明。第三節敬禮和答禮中，就敬禮的一般原則和敬禮的方式，作詳細的說明。行禮的方式要有節，有節才能顯示莊重，才能顯示尊敬，因此，有關細節應加熟記運用。

第三章

食的禮儀

　　民以食為天，在我們的日常生活中，「吃」佔了很重要的地位。

　　先民茹毛飲血，充其量在火堆旁以手撕肉，一塊一塊嚼食，但進步到現在，不但餐具齊備，杯、盤、碗、碟、匙、叉、刀、筷，各有所司。餐桌講究佈置美化，菜食求色、香、味具全，並不止求一飽了事，尚求心靈上的享受。因此作為文明世界的一份子，也就不能不講求食的禮儀。

第一節　認識西餐

　　中餐和西餐的不同，不但菜餚方面調味不一，且吃法不同，使用的器皿也不一樣，因此往往使國人一旦參加洋人款待的西餐宴會，會有無所適從的感覺。或許讀者會認為，吃西餐又有什麼了不起，全省大城市到處都有西餐館，但我們要曉得，一般林立於街頭的「鐵扒牛排館」，在西餐中，是不能登大雅之堂的。侍者端上燒得又熱又燙的鐵盤（放在木盤上），上面盛著牛排，煙氣騰騰，油汁四濺，製造空氣污染，弄髒地氈，試想，如果你是打扮入時，身著華麗，上有脂粉的女士，或是一襲高級西裝，配上心愛的領帶，會不會害怕油汁飛濺衣裳？何況國內的西餐館，在餐具的配置方面，離西洋人所講求的，仍有一段距離。著者為讓讀者更容易瞭解食方面的禮儀，故先介紹本節「認識西餐」。

一、西餐的餐具

　　我國人的飲食用具和習慣，與西洋人使用的不同，若學習國際禮儀，則我們對西洋人的飲食用具不能不有所認識，不然一旦旅行到國外，下榻旅館用餐時，但見桌面上刀、叉、盤、杯、匙，琳瑯滿目，何取何捨，不但會令人難倒，一旦使用不當，則會使人困窘尷尬，甚或貽笑大方。

(一)杯　子

我們是喝茶的民族，杯子的使用，較不考究。一般家庭多用玻璃杯，使用水晶杯的不多，固然玻璃杯價廉，水晶杯價昂，也是原因。對杯子的使用，也求多種用途。一般的家庭，乃至民間的宴會中，水杯也用作果汁杯，也是酒杯，而且既用作啤酒杯，也用作紹興酒、葡萄酒，乃至白蘭地酒杯，使國人養成了習慣，因此一旦到了國外，對各式酒杯之為用，便會茫然。著者並非洋化，但文明的發展，如男士要著西裝又打上領帶的例子，業已被大眾認同和接受。西洋人的使用杯子，也是被大眾認定的習俗，而且刻板成規，錯用會使人覺得不自在。

歐美人士在正式場合，嚴守酒杯使用的分際，一般下榻的「觀光飯店」，即使用合適的杯子。圖 3–1 所列二十四種酒杯，包括了飯前酒杯、用餐酒杯、飯後酒杯，及一般的水杯、果汁杯等。什麼酒要裝什麼杯子，一般的調酒員，是不能弄錯的。

因此倘居家招待外賓，如外賓要威士忌蘇打，用 22 號杯，如要的是威士忌加冰塊 (Whiskey on the rock) 則用 9 號杯，調味酒純酸威士忌 (Stem Whiskey sour) 用 14 號杯，加冰塊的酸威士忌 (Whiskey sour) 用 13 號杯，純威士忌用 23 號杯，光是威士忌，就要有五種杯子。這與我們的一式杯子，統統可用的情形，南轅北轍。

(二)餐　具

國人進餐所使用的餐具較為簡單，有碗、筷、匙即足，盛菜用者，多用盤和碗公，桌上鮮少用刀，一般家庭也不用餐巾，未若西餐的繁多。在歐美，乃至世界各地的觀光旅館，都使用標準的餐具，何種食物用何刀叉，在西餐中業已定型，並已廣被遵守而成俗。因此，有必要認識餐具之樣式及用法，以免出糗。

1.刀：在西餐中，刀叉為主要進食的餐具。刮牛油，用牛油刀；吃魚，用魚刀；吃牛排，用牛排刀；吃水果，有較小的水果刀，並非一刀用到底。

1. 混合飲料五味酒杯 可斟
   (Punch glass) $1\frac{1}{2}$ 盎斯

2. 高腳啤酒杯
   (Pilsener glass)

3. 啤酒杯
   (Beer mug)

4. 冰茶杯
   (Iced-tea glass,
   Shape optional)

5. 正式宴會用高腳水杯
   (Water goblet)

6. 普通場合用普通水杯
   (Water tumbler)

7. 大型白蘭地杯
   (Large brandy)

8. 小型白蘭地杯
   (Small brandy)

9. 威士忌，伏特加酒加冰塊
   用老式酒杯
   (Old-fashioned glass)

10. 果汁杯
    (Juice glass)

11. 白酒酒杯
    (Large bowl for
    white wine)

12. 薄荷酒加碎冰杯
    (Créme de menthe
    frappé)

圖 3-1 西餐用各式酒杯

13. 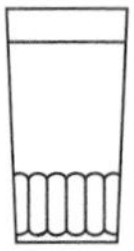 酸料威士忌酒杯
(Delmonico or
　　whisky sour)

14.  不放冰塊，純酸料
威士忌酒杯
(Stem whisky sour or
　　parfait glass)

15.  只用作裝萊茵白酒或
荷克白酒杯
(Hock or Rhine
　　wineglass)

16.  老式雪莉酒杯
(Traditional sherry)

17.  一般用雪莉酒杯
(Optional sherries)

18.  雞尾酒用酒杯
(Cocktail glass)

19.  正式宴會用紅酒杯
(Large bowl glass)

20.  一般場合用，紅、白葡萄酒杯
(Optional glass for
　　table wine)

21.  香檳酒杯
(Champange glass)

22. 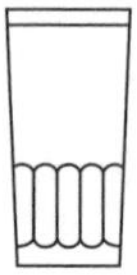 調味酒加冰塊蘇打水用酒杯
如威士忌蘇打
(Highball glass)

23.  威士忌酒杯
(Shot glass)

24.  飯後甜酒酒杯
(Liqueur glass)

圖 3-1　（續）

牛排刀較大，刀面長，刀齒細，便於切割；魚刀刀面寬，無刀齒；牛油刀短小，刀面稍寬，便於刮牛油；水果刀較細小，有刀齒。至於雞、鴨、豬排用刀子，大小如牛排刀，惟刀齒較鈍。

　　2.叉：叉有大小，一般吃肉類的叉子較大，吃海鮮的稍微小一點，水果、生菜沙拉用叉子，則較小。叉子亦如刀，不能一叉用到底。

　　3.匙：喝湯用湯匙，調咖啡用咖啡匙，吃布丁及冰淇淋，用比湯匙小的甜點用匙。桌面上拿菜用的專用匙則較大。

　　4.其他尚有糖夾、菜汁杓、派鏟、點心鏟、龍蝦鉗，及各式瓷器等。

　　甲、銀器器皿 (silverware) 部分：見圖 3-2。

　　乙、瓷器器皿 (chinaware) 部分：

　　13 吋大盤 (place plate)，桌上擺設用。

　　10-11 吋餐盤 (dinner plate)，為主菜用餐盤。

　　8 吋點心盤 (dessert plate)，為點心，沙拉通用盤。

　　6 吋麵包盤 (b/b plate)，麵包或奶油用盤。

　　湯碗及底盤 (soup cup & saucer)，專為盛湯用。

　　奶水盅 (creamer)，調咖啡用牛奶專用。

　　糖盅 (sugar bowl) 配咖啡器皿，裝糖用。

　　穀類碗 (cereal bowl)，早餐牛奶沖麥片專用。

　　咖啡杯及底盤 (coffee cup & saucer)，咖啡專用。

　　茶杯及底盤 (tea cup & saucer)，喝茶用。

　　濃縮咖啡杯及底盤 (demitass cup & saucer)，小型咖啡杯及底盤（義大利式濃縮咖啡專用）。

㈢刀叉的使用法

　　1.以右手持刀，左手執叉，叉齒向下，用叉固定牛排，用刀切割，然後用叉將食物送入口中。食物宜切一塊吃一塊，每塊不宜過大，這就是所謂歐洲式的吃法。而美國式的吃法，是將食物切割後，將刀放下，右手改持叉，用右手將食物送入口，甚至叉齒向上，將食物鏟著送入口，此種方

牛油刀 (butter knife)：長約六吋半到七吋。

肉刀 (meat knife)：長約九吋到十吋。

生菜刀 (entrée knife)：長約八吋半到九吋。

肉叉 (meat fork)：長約六吋半到八吋。四齒，齒的大小俱同。

魚及生菜叉 (entrée fork)：長約六吋到七吋。四齒，齒的大小均同。

蠔叉 (oyster fork)：長約五吋半到六吋。三齒，左齒大，中齒、右齒小。

湯匙 (soup spoon)：長約八吋半左右。

咖啡匙 (coffee spoon)：長約四吋。

冰茶或冰咖啡匙 (ice tea or ice coffee spoon)：長約七吋半到八吋。

茶匙 (teaspoon)：長約五吋半到六吋半。

公匙 (serving spoon)：長約八吋半到九吋。

魚刀 (fish knife)：長約八吋到九吋。

公叉 (serving fork)：長約八吋半到九吋。

菜汁杓 (gravy ladle)。

糖夾 (sugar tongs)。

水果刀 (fruit knife)：大小不一，長約五吋至八吋之間。

水果叉 (fruit fork)：長約六吋到七吋。三齒，兩邊的齒大，中間的齒小。

圖 3-2　銀器器皿

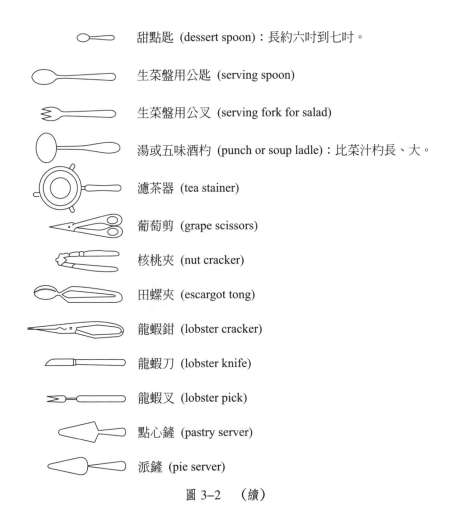

甜點匙 (dessert spoon)：長約六吋到七吋。

生菜盤用公匙 (serving spoon)

生菜盤用公叉 (serving fork for salad)

湯或五味酒杓 (punch or soup ladle)：比菜汁杓長、大。

濾茶器 (tea stainer)

葡萄剪 (grape scissors)

核桃夾 (nut cracker)

田螺夾 (escargot tong)

龍蝦鉗 (lobster cracker)

龍蝦刀 (lobster knife)

龍蝦叉 (lobster pick)

點心鏟 (pastry server)

派鏟 (pie server)

圖 3-2　（續）

式，並非高雅，因為需要變化左右手，因此並不被一般國際禮儀學者所鼓勵，使用的方式，還是以歐洲式為宜。圖 3-3 所示，為使用刀叉正確的姿勢；圖 3-4 所示，為歐洲式的方法，叉子叉著牛排小塊，緩緩送入口；圖 3-5 所示，為美國式的吃法，牛排切割後，將刀斜放在盤子上，用右手改持叉子進食，食畢，叉子改用左手持，右手再持刀切割牛排，如是席間雙手交叉持用，並不雅觀。又有人認為美國式的吃法，可以一口氣，將牛排切碎，然後將刀放下用右手持叉取食。此種方式，不能仿效，因為將食物先「碎屍萬段」，也不雅觀。要學習國際禮儀，宜熟用歐洲式的吃法。

圖 3-3　歐洲式使用刀叉的方法：右手持刀，用食指
　　　　壓住刀背；左手持叉，亦用食指壓住叉背。
　　　　兩臂向內稍貼緊，避免碰撞鄰座。此種姿勢
　　　　最優美。

圖 3-4　歐洲式的吃法：牛排切割後，用叉子叉著緩緩
　　　　送入口，身體稍前傾，頭不能太沉，牛肉到口
　　　　處再張口。

圖 3-5　美國式的吃法：牛排以右手持刀，左手持叉，切
　　　　割後，右手將刀放置盤子上，改用右手持叉進
　　　　食。

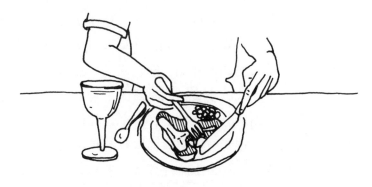

圖 3-6　餐盤中之牛排放置的位置不方便切割，為推動牛排，
　　　　可用刀，必要時，刀叉易位，此圖即以左手持刀，右
　　　　手持叉，調整牛排置放的位置。

　　2.盤中的食物如需推移，以用刀推移為宜，必要時，刀叉可以易位，
即用右手持叉，左手持刀，切忌轉動盤子，轉變食物堆放的方位。其方式
如圖 3-6。

3.桌面上的食物，除麵包、長條的生菜如芹菜等，可用手取食外，所有食物，一律用叉子取食。切忌用刀子叉肉進食。

4.食物如用叉子可以分割者，宜儘量用叉子切割，並不一定非用刀不可。

5.喝湯使用湯匙。甜點可用小匙或叉。肉質較爛的水果，切碎後用匙進食。肉質較脆多汁如李，去皮後用刀叉進食。布丁、冰淇淋等用小匙。所有匙、叉及刀用畢後，要放在盤、碟上，不可置於碗內。

6.刀叉取用之順序，要先用擺在餐盤最外側者。吃一道，用一副刀叉，用畢，刀叉並排放在盤中央。遇有遲疑，不妨觀察主人，主人取那種刀叉，就跟著使用。

㈣餐具的佈置

1.西餐刀叉的佈置均依餐式的順序排列，有多少道菜，就擺多少刀叉。餐盤上放置桌巾，餐盤右側置刀，左側擺叉，右上方擺水杯和酒杯，左上方放置麵包碟，正上方置煙碟，其佈置方式如下圖3-7非正式午餐。至於圖3-8一般早餐的情形，酒杯免置，右側放咖啡杯，正前方上端置麥片盅，餐巾改由餐巾紙取代，置於左側最外側。麵包碟及牛油刀置於左上方，牛油刀橫置於碟上。而一般正式的宴會，因菜餚比平常多，刀叉通常有三副或四副，水杯、紅酒杯、白酒杯、香檳酒杯齊全，其佈置方式如圖3-9。在正式宴會中，桌面的佈置很考究，中央佈置有鮮花，桌面上通常喜歡用燭臺配藝術型蠟燭，其情形如圖3-10。平常家中宴客，即非正式的宴會，佈置稍簡單，桌面改用小燭臺，酒杯減少，僅用一只酒杯，其情形如圖3-11。

圖 3-7　非正式午餐餐具的佈置：兩副刀叉表示有兩道菜。

圖 3-8　平常早餐餐具的佈置：左側方塊為餐巾紙，早餐通常只有一道主
　　　　食，如火腿蛋，故只有一副刀叉，右側小匙供調麥片等用。

圖 3-9　正式宴會餐具之佈置：上圖所示，表示宴會菜餚有湯（右
　　　　側置湯匙），一道開胃菜，一道主食。酒方面，有白酒、紅
　　　　酒酒杯。

　　2.餐巾：西洋人用餐，餐桌上必須使用餐巾，一般家庭均用與桌布同
套的餐巾，或抽紗、或刺繡，力求美觀大方。餐巾務必洗淨熨平，折摺後
置於餐桌上的餐盤中，如圖 3-12。在正式宴會的場合，亦有將餐巾折好後，
置於坐前桌面上，桌面上並未置餐盤。此種情形即表示第一道菜如湯，將
伴同餐盤上菜。其情形如圖 3-13。

　　餐巾可摺成各種形狀，如長方型、四方型、三角型、雞冠型、樓梯型、
芝麻開門、燭臺、小屋、帆船、扇型、皇冠型、主教之帽子、尖帽、天堂
之鳥、香蕉、蛇、公雞、蘭花、蓮花等。一般著名的觀光大飯店，均不敢
馬虎，把餐巾摺成吸引人的造型，讓人一坐下來，即爽心悅目，食指大動。

圖 3-10　正式宴會中，桌面的佈置，此圖僅為長桌面的一半，兩面各坐五
　　　　　人，兩端坐一人。菜餚為一道湯，二道主菜，酒方面為紅酒、白
　　　　　酒及雪莉酒。

圖 3-11　平常家中宴客佈置圖。一湯一菜、沙拉，酒只上一種，如
　　　　係肉類，則為紅酒，如係海鮮，則上白酒。

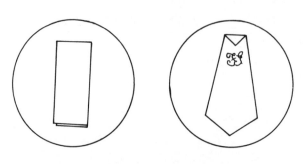

圖 3-12　餐巾的佈置

圖 3-13　餐巾置於桌面中央

二、認識西餐的主副食

　　西餐的主副食，比中餐簡單，一般的家庭以一菜、一湯、沙拉、冰淇淋、咖啡作為晚餐的主副食，主食以牛、羊、豬、雞、魚、蝦等為主，吃淡一點亦有麵食為主食者。至一般宴會，則以一湯或開胃小吃，二菜，即海鮮與肉類，沙拉、甜點、咖啡等菜式較為普遍。西餐中對於菜餚的順序，業已定型，不像時下國內婚宴或其他餐會場合，中菜十二道或十二道以上，色香味固具全，但出菜秩序不合胃納，甚至中途端出甜點，這在西餐中，是不會出現的。

　　西餐出菜的順序已定型，茲以正式宴會晚餐六道菜為例，上菜秩序如下，餐具的佈置，要配合上菜的秩序。

　　　　湯（或生蠔，或香瓜）(soup or oysters or melon)

　　　　魚 (fish)

　　　　主道菜（通常為烤肉或家禽配青菜）(the entrée, or main course,
　　　　　　usually roast meat or fowl and vegetables)

沙拉 (salad)

甜點 (dessert)

咖啡 (coffee)

註：（上例僅列舉出菜秩序，非正式菜單，故英文部分用小寫）在家庭
　　非正式宴會方面，餐點較簡單，茲舉出兩例供參考：

例一：

冷火腿片　　cold sliced ham

麵條　　noodles

生菜沙拉　　vegetable salad

奶油燒烤麵包　　buttered rolls

香草冰淇淋　　vanilla ice cream

餅乾　　cookies

咖啡　　coffee

例二：

牛肉茶　　beef tea

龍蝦　　lobster

白飯　　rice

洋蔥青豆　　onions and green peas ⎫ 拼入龍蝦盤中作配菜

生菜沙拉　　green salad

水果　　fresh fruit

咖啡　　coffee

　　西餐的餐點大概情形已如上述，故讀者有機會出國旅遊，或應外國友
人邀宴，或自作主人招待外國朋友，或在國內結交有外國朋友需來往酬酢，
倘選用西餐，則必須熟記西餐上菜的秩序，及一般正式或非正式宴會餐點
的搭配。如是，則不論點菜或用餐，才會落落大方，不然，尷尬之處難免。

　　西餐餐點的種類很多，法國菜、德國菜、西班牙菜等，各有所長。茲

就臺北較具盛名的福華飯店所供應的法國菜餐點,列載如後,供讀者參考。

(一)開胃冷盤

　　新鮮蘆筍　　Fresh Asparagus Tips

　　煙燻鮭魚　　Smoked Salmon with Melba Toast

　　酪梨、明蝦　　Avocado Pear with Prawn

　　鄉野火腿、蜜瓜與奇異果醬　　Parma Ham with Melon Topped with Pureed Kiwifruit

　　巴黎式海鮮冷盤　　King Prawns, Smoked Salmon and Ham on Lettuce/ Endive

　　新鮮草蝦盅、芒果奇異沙司　　Fresh Grass Shrimps Cocktail

　　法國鵝肝醬　　French Goose Liver Mousse and Truffle served with Port Wine Jelly

　　主廚特製鴨肝醬　　Duck Liver Paté Laced with Pistachio and Raisins

(二)開胃小吃

　　素燴鮮菇酥盒　　Three Varieties of Mushrooms cooked in Madeira Sauce

　　烤蔬菜泥　　Vegetables Souffle

　　蒜香烤田螺　　Snails Bourguignonne Style

　　燻鮭魚炒蛋附魚子醬　　Scrambled Eggs with Smoked Salmon and Caviar

　　香烘蟹肉　　Baked Crab Meat with Emmenthal Cheese

(三)湯

　　精緻法式洋蔥湯　　French Onion Soup

　　雪梨牛尾清湯　　Clear Ox-Tail Soup with Sherry, served with Cheese Sticks

奶油麻菇湯　Cream of Mushroom Soup

酥皮野菇蔬菜湯　Chicken Consomme with Wild Mushroom

地中海式魚湯　Fish Soup Mediterranean Style

㈣海鮮類

清蒸鯧魚與干貝　Steamed Pomfret Topped with Scallops Mousse

鮮貝菠菜、咖哩汁　Sea Scallops Served on Baby Leaf Spinach with Mildly Flavoured Curry Sauce

清蒸阿拉斯加鮭魚　Steamed Alaskan Salmon in a Light Red Pepper and White Wine Sauce, Served with Asparagus Tip & Mushrooms

精烤鮭魚排　Grilled Salmon Steak served with Hollandaise Sauce

烤大明蝦　Grilled King Prawns served with Lemon Butter Sauce

包心菜捲明蝦　Prawns, rolled in Cabbage and topped with Caviar

咖哩明蝦　Prawns prepared in Curry Sauce flamed with Brandy and Pernod

英國多佛板魚，煎或烤　Dover Sole-Fried or Grilled

烤新鮮龍蝦　Grilled Lobster

㈤主　菜

肝醬牛排配紅胡椒肉汁　Tournedor Steak Topped with Chicken Liver Paté

菲力牛排配青胡椒肉汁　Filet of Beef with Green Peppercorn Sauce

蘇黎世小牛肉　Sliced Filet of Veal in Mushroom Sauce Served with Swiss Potatoes

煎小羊排配芥茉子肉汁　Sauteed Medallions of Lamb with Grain Mustard Sauce

香葉烤羊排　Roast Rack of Lamb

香蕈豬排　Fillet of Pork with Morel Sauce

煎雞胸釀法國鵝肝配紅酒肉汁　　Breast of Chicken Stuffed with
French Goose Liver Mousse Served with Madeira Sauce

(六)鐵扒類

美國菲力牛排　　U. S. Prime Filet Mignon
美國紐約牛排　　U. S. New York Steak
美國肋眼牛排　　U. S. Prime Rib Eye Steak
美國丁骨牛排　　U. S. T-Bone Steak
鴛鴦菲力牛排（兩人份）　　Chateaubriand

(七)沙　　拉

凱撒沙拉　　Caesar Salad
菠菜沙拉　　Spinach Salad
什錦沙拉　　Garden Salad

(八)甜點及水果

甜酒煎薄餅　　Crepes Suzette
火焰水蜜桃　　Peach Aida
火焰香蕉　　Banana Flambee
白酒蛋黃酥沫　　Sabayon
火焰鳳梨　　Pineapple Flambee
巧克力軟醬　　Chocolate Mousse
冰淇淋或凍霜　　Ice Cream or Sherbet
應時水果　　Fresh Fruit Plate

(九)咖　　啡

咖啡　　Coffee
愛爾蘭咖啡　　Irish Coffee

蜜酒咖啡　　Cafe Drambuie

皇家咖啡　　Cafe Royale

三、認識洋酒

國人追求醇酒美食，源遠流長，但在喝酒的藝術方面，則流於空乏。其一，酒無分濃淡，無分飯前、飯中或飯後，可一飲到醉；其二，喜開懷暢飲，甚至勸酒強灌，較少其品味；其三，酒逢知己，喜歡朋友喝醉，成為最高意境。此與歐美人士競相釀製美酒，飲用時不急不徐，以品味為重，且分飯前、飯中及飯後分際者不同。故認識洋酒，殊有必要。

洋酒的種類繁多，品味不一，此處所要介紹的，是喝酒的場合及洋酒的種類。

歐美人士不但注重什麼酒要配什麼酒杯,而且講究什麼場合喝什麼酒,沿襲至今，不但已成習慣，且已成為禮儀的一部分。

(一)喝酒的原則

1.餐前喝飯前酒 (aperitifs)，又稱開胃酒，通常於宴會前，主人即招待。此種酒以又濃又香，能刺激胃口的威士忌 (Whisky)、杜松子酒 (Gin)、伏特加 (Vodka)、雪莉 (Sherry)、蘭酒 (Rum) 等系列的酒和調味酒，及滲有奎寧和其他香料的甜酒如 Dubon Dubonnet、St Raphael 等酒廠出產的為主。餐前人手一杯，夏天消暑去渴，冬天則可禦寒提神，故能開胃。在一般社交應酬中，男士多以威士忌蘇打、威士忌調味酒、馬丁尼 (Martini, Gin and Tonic)，女士以雪莉等為主。如不喝酒人士，可飲薑汁水 (Jingerale)、果汁及可口可樂。

2.席間喝的酒稱為席上酒 (Table Wines)。我們的習慣，任何酒都可以上桌，當作席上酒，但是西餐中，席上酒只限於葡萄酒 (Wines)。葡萄酒中，白葡萄酒具酸味，酸去魚腥，故吃海鮮時，一定配白葡萄酒。紅葡萄酒帶苦澀，苦澀去油膩，故吃肉時，配紅葡萄酒。一般的葡萄酒不起泡，故又

稱不起泡酒 (Still Wine)，其中以產於法國波爾多 (Bordoaux) 的紅葡萄酒，和產於布艮地 (Burgundy) 的白葡萄酒，產於萊茵河 (Rhine) 流域、法國亞爾薩斯 (Alsace) 省與盧森堡的莫塞耳 (Moselle) 白葡萄酒，其他義大利、西班牙、德國、葡萄牙、南非、澳洲、美國加州、阿根廷、智利等，均生產甚多。晚近美國加州的葡萄酒，已逐漸銷入臺灣市場。

　　葡萄酒中起泡的稱起泡酒 (Sparkling Wines)，以法國香檳 (Champagne) 地區生產者著名，故又稱香檳酒，其他地區及別國亦有生產，但不能使用香檳為名稱。

　　葡萄酒混合其他香料可製成開胃酒，如加奎寧和其他香料製成的 Dubonnet；加草藥製成的苦艾酒 (Vermouth)，及先把葡萄曬乾，加上少許石膏醱酵，裝桶讓它再醱酵釀成的雪莉酒 (Sherry) 等。

　　上述系列的葡萄酒，構成席上酒，但吾人必須熟知每種酒的特殊用途，不能混亂飲用。國際觀光會議中，為廓清席上酒飲用的準則，曾通過規定，即：

　　　(1)食用生蠔或其他貝類時，飲無甜味之白葡萄酒。

　　　(2)喝湯時，配顏色較深之 Sherry 酒或馬德拉酒 (Madeira)。

　　　(3)吃魚時，可配任何白葡萄酒，但以不過甜者為宜。

　　　(4)吃肉類時，配紅葡萄酒。

　　　(5)食乾酪時，配帶甜味的葡萄酒。

　　　(6)吃核桃等堅果 (Nuts) 時，配濃度較強之強力酒 (Fortified Wines)，
　　　　如馬德拉酒。

　　至香檳酒在上最後一道菜或甜點時即上桌，賓主有演說，以香檳酒作舉杯互祝。

　　3.飯後酒：西餐在飯後進飯後酒 (liqueurs)，此種酒濃、香、烈者如白蘭地 (brandy) 或康涅雅克 (cognac)，甜者係以糖液與白蘭地混合的烈酒，再配合薄荷、咖啡、可可、香蕉、鳳梨、李、梅、桃等果實的香料釀成，而冠以香甜酒液 (créme 法文，即英文的 cream)，如薄荷甜酒是 créme de menthe，香蕉甜酒是 créme de banana 等。配橙皮甜酒則有 grand marnier cointreau，法國浸泡藥草的有 benedictine，蘇格蘭用威士忌調配的有 drampuise。這些甜酒在客廳進咖啡時，即可同時上。飯後酒切忌斟滿，白蘭地只要斟五分之一杯即可。

4.雞尾酒 (cocktail)，是在酒會或宴會餐前供應的調味混合酒。雞尾酒和雞尾並無關係，就像原子筆跟原子毫無關係一樣。雞尾酒的調配，種類繁多，如很普遍的混合飲料 punches，可由葡萄酒或烈酒、水、牛奶、茶，加白糖、檸檬汁等，有時再加香料或薄荷混合調成，因此又各有細名，如紅葡萄酒混合酒 (claret punch)、牛奶混合酒 (milk punch)、蘭酒混合酒 (rum punch) 等，且冷、熱飲均可。

雞尾酒的名稱有意境虛渺繁雜者，如白女士 (White Lady) 是由 Cointreau 橙皮酒加杜松子酒 (Gin)、鮮檸檬汁和冰塊混合者；而快樂的寡婦 (Merry Widow) 是由西班牙白酒及甜味苦艾酒加檸檬皮和冰塊混合調成。惟一般的雞尾酒常冠上主要料酒的名稱，如酸威士忌 (Whisky Sour)、白蘭地雞尾酒 (Brandy Cocktail)、冰苦艾酒 (Vermouth Cooler) 等。

㈡洋酒的種類

洋酒的種類繁多，各國均有生產，已如上述，茲扼要列出較為知名者如下：

1.威士忌系列：蘇格蘭與愛爾蘭威士忌以大麥為原料，美國波旁威士忌 (Bourbon) 用玉蜀黍，加拿大的威士忌則用裸麥。國際市場中，以蘇格蘭的威士忌最負盛名。

產自蘇格蘭的威士忌較為普遍的如：

Johnine Walker、Chivas Regal、White Horse、J.W. Black Label、J.W. Redlabael、Dewar's、Ballantine、J & B Rare、Grant's、Grant's 12 Years、Bell's、Old Parr、Pineh Haig、Black & White、White Label

產自美國的波旁威士忌如：

Bourbon De Luxe、Old Quaker、Early Times、Old Grand Dad、Jim Beam、I.W. Happer、J.W. Dant、Seagram's 7 Crown

產自加拿大的威士忌如：

Canadian Club、McGuinness、Seagram's、Wiser's

2.杜松子酒 (Gin) 系列：Gin 或 Geneva 係由法文的 Jenever 與 Genieve 兩字誤訛沿用。此酒係由大麥與裸麥，經醱酵後，加杜松子香味，再經蒸餾而成。其中有不甜、帶甜味、亦有以水果釀造者，目前各國均有生產，較普遍者如：

Beefeater Gin、Gordon's Gin、Gliby's Gin、Bols、Seagers

3.蘭酒（蘭姆酒或甘蔗酒）(Rum) 系列：係由甘蔗汁或製糖時產生的糖蜜經醱酵後蒸餾而成，最早產自加勒比海的西印度群島。此酒有濃淡之分，較知名的如：

Bacardi White、Ronrico、Harana Club、Coruba、Old Jamaica、Fernandes

4.伏特加酒 (Vodka) 系列：東歐國家以馬鈴薯釀製，西歐與美國則以裸麥或小麥釀成，較知名的如：

Moskovskaya、Gilbey's、Smirnoff、Okhotnichya

5.苦艾酒 (Vermouth) 系列：以白葡萄酒作基酒，配上苦艾等各種草藥釀製蒸餾而成，較為普遍的為：

Martini & Rossi、Noilly、Bitter Compari、Cin Zano、Dubonnet、Pernod-45、Fernet Poweder、Gancia、Artis Hogue

6.白蘭地系列：係由葡萄酒再加醱酵蒸餾，用樫木桶儲存，最後再加調配而成。較為普遍的如法國的白蘭地：

Remy Martin、Courvoisier、Bisquit、Camus、Castillon、Chateau Paulet、Hennesy、Martell、Rouyer、Chabot、Marquis de Montesquiou、Ducauze、Albert Robin、Denis-Mounie、Jean Fillioux

義大利的白蘭地：

Beccaro、Carlos III、Buton

德國的白蘭地：

Asbach

7.葡萄酒系列的酒，各國所釀製的繁多，每個國家生產者，以其葡萄

園的名稱為名，如頗具盛名的 Romance Conti，在法國 Bourgone 地方，僅擁有四點五公頃葡萄園。由於品牌太多，無從列載。

8.甜酒系列：

Creame de Cacao、Benadictine、Creame de Menths、Chartrelse、Curacao Orange、Peter Heering、Cointreau、Cherry Brandy、Drambuie、Grand Marnies、Irish Mist、Apricot Brandy

第二節　日常飲食禮儀

我國在漢朝時，有關社會規範及食衣住行的儀節，即已齊備，且被普遍遵行。《禮記》一書中，首篇〈曲禮〉上，對進食的禮儀，規定甚明。按「曲」係指細小的事，「禮」指行事準則，〈曲禮〉相當於〈幼儀〉，士大夫的子弟，到了十歲就必須學習這些禮節。

〈曲禮〉篇中載稱：「凡進食之禮，左殽右胾，食居人之左，羹居人之右。膾炙處外，醯醬處內，蔥渫處末，酒漿處右，以脯脩置者，左朐右末。」寥寥數語，規定了桌席上的儀節。意思是說：「凡進食的禮節，熟肉有骨的放在左邊，肉放在右邊，飯擺在人的左方，湯放在右邊，切細和燒烤的肉放遠些，醋和醬類放近些，蒸的蔥放在旁邊，酒漿等飲料和湯放在同方向右邊，如放置肉乾，那麼彎曲的放在左邊，直的放在右邊。」可見遠在秦漢時代，對菜餚羹湯在桌面上的放置，已甚講究。《禮記》中明載，顯已成為禮節。

對於賓主之間的禮節，〈曲禮〉同篇載稱：「客若降等執食興辭，主人興辭於客，然後客坐。主人延客祭：祭食，祭所先進。殽之序，徧祭之。三飯，主人延客食胾，然後辯殽。主人未辯，客不虛口。」其意是說：「如果客人謙讓的端著飯碗，站起來說坐此位不敢當，那麼主人就要站起來，客氣的請客人就坐，然後客人才就坐。主人將食物夾出放在桌上，這稱為祭食，要先夾先進食的，並依照進食的秩序，逐樣夾給客人。喫過三口飯

後，主人請客人吃純肉，然後吃帶骨的肉，如果主人未吃完，客人不能漱口，表示不吃。」〈曲禮〉繼又曰：「侍食於長者，主人親饋，則拜而食。主人不親饋，則不拜而食。共食不飽，共飯不澤手。」就是說：「陪長者吃飯，遇到主人親自取來給你時，就得拜而後食，若主人並不親自取菜給你，則不須拜，自行取食。大夥兒一起吃，不可自顧自己吃，如果和別人一起吃，要注意手的清潔。」由於古時吃飯用手，故勸人洗手。

　　對於吃飯的禮儀方面，〈曲禮〉同篇有詳細的列述：「毋搏飯，毋放飯，毋流歠，毋咤食，毋齧骨，毋反魚肉，毋投與狗骨，毋固獲，毋揚飯，飯黍毋以箸，毋羹嚌，毋絮羹，毋刺齒，毋歠醢。客絮羹，主人辭不能亨。客歠醢，主人辭以窶。濡肉齒決，乾肉不齒決。毋嘬炙。卒食，客自前跪，徹飯齊以授相者，主人興辭於客，然後客坐。」這九十九個字的規定是說：

不要用手搓飯團，
不要大喫大喝的樣子，
不要喝得滿嘴淋漓，
不要吃得嘖嘖有聲，
不要啃骨頭，
不要把咬過的魚肉又放回盤碗中，
不要扔骨頭給狗。
不要去強取食物，
不要用口吹熱飯，
不要去挾蒸熟的黍。
不可大口的喝湯，
不可攪拌湯，
不要當眾剔牙齒，
不要喝醃肉的醬。
如果客人在攪拌湯，主人就要道歉，說烹調得不好。
如果客人喝到醬，主人要道歉，說食物準備不足。

　　濕軟的肉可用牙齒咬，乾的肉不要用齒咬斷。

　　吃炙肉，不要把它攝成一把吞食。

　　吃完了，客人應起身向前，把桌上盛飯菜醃漬的碟子交給在旁侍候的人，主人跟著起身，請客人不要勞動，然後客人再坐下。

　　對於喝酒，〈曲禮〉中的禮節是：「侍飯於長者，酒進則起，拜受於尊所。長者辭，少者反席而飲。長者舉，未釂，少者不敢飲。」其意是：「陪長者喝酒，見長者遞酒過來，就要起立，走到放酒罈處拜受。長者說不要客氣，年小者才回到自己席上喝酒。如果長者舉杯而未喝乾，年小的不敢先喝。」

　　《禮記》中對飲食起居的儀禮，尚多列述。大部分禮節，即使放在今天，仍然是合乎遵行的範疇。可見我們在秦漢時代，早已是禮儀之邦。但是隨著物質文明的發展，儀禮逐漸喪失。時至今日，因已邁向工業社會，生活緊張，居家為父母者，實無閒暇以教子，為人子者，被寵愛有加，形同王孫寶貝，彬彬之禮，逐漸失教。在社會上，則追逐享受，暴飲暴食，借酒作樂，猜拳灌酒，喧鬧有餘，禮儀蕩然，較之西洋人重視飲食的禮儀，我們應感慚愧。著者所以舉列，旨在說明我們本是多禮的民族，我們的老祖宗早在公元前二百年前，就遵行飲食的禮儀了。

一、國民禮儀範例規定的禮儀

　　內政部於民國八十年一月二十六日修訂的國民禮儀範例，對日常飲食的禮儀，規定如下：

　　1.進食時，姿態應保持端正，使用餐具不宜撞擊出聲。

　　2.與長者同席共餐，應讓長者先用。

　　3.菜餚應就靠近面前者取用，不得在碗盤中翻揀。

　　4.在公共場所用餐，與同席者談話，宜低聲細語，不可喧嘩。

　　5.食畢，俟首席或主人起立，然後離席，如於席間先行離席，須向主

人及同席者致意。

二、普遍應注意的禮儀

若論飲食禮儀，國民禮儀範例規定的，甚為簡單，實則有許多應注意的禮儀，常被忽視。茲分述如後：

㈠就座和離席

1.應等長者坐定後，方可入座。

2.席上如有女士，應候女士坐定，方入座。如女士座位在隔鄰，應招呼女士入座。

3.拖拉座椅，手宜輕，不要有刮地板的聲音。

4.坐姿要端正，與餐桌的距離，保持得宜。

5.在飯店用餐，應由服務生領檯入座。

6.餐畢，須俟男女主人離席，其他賓客始離座。

7.離席時，應招呼隔座長者或女士，幫忙拖拉座椅。

8.女士攜帶之手提包，宜放在背部與椅背間。

㈡使用餐巾的禮儀

1.必須等到大家坐定後，才可使用餐巾。

2.餐巾應攤開後，放在雙膝上端的大腿上，切勿繫入腰帶，或掛在西裝領口。

3.切忌用餐巾擦拭餐具，主人會認為你嫌餐具不潔。

4.不可用餐巾拿來擦鼻涕或擦臉。如身上適無手帕，宜離席到化妝室去。

5.餐巾主要防止弄髒衣服，兼作擦嘴及手上的油漬。

6.餐畢，宜將餐巾折好，置放餐桌上再離席。

(三)喝湯的禮儀

1. 喝湯要用湯匙，不宜端起碗來喝。

2. 喝湯的方法，湯匙由身邊向外舀出，並非由外向內。

3. 養成習慣，第一次舀湯宜少，先測試溫度，淺嘗。

4. 不要任意攪和熱湯和用口吹涼。

5. 喝湯不要出聲。

6. 湯舀起來，不能一次分幾口喝。

7. 倘湯將見底，可將湯盤用左手拇指和食指托起，向桌心，即向外傾斜，以便取湯。

8. 有時湯亦用兩側有耳的杯盛出，此種情形，可用兩手執杯耳，端起來喝。

9. 喝完湯，湯匙應擱在湯盤上或湯杯的碟子上。

(四)吃麵包的禮儀

1. 麵包要撕成小片吃，吃一片撕一片。不可用口咬。

2. 如要塗牛油，並非整片先塗，再撕下來吃，宜先撕下小片，再塗在小片上，送入口吃。

3. 但如果餅乾或麵包是烤熱的，是可以整片先塗牛油，再撕成小片吃。

4. 塗牛油要用牛油刀，如餐桌上未備牛油刀，用其他的刀子亦可。

5. 切勿將麵包浸在湯中，或浸肉汁來吃，這種吃法叫 Dunking，人見人厭。

6. 撕麵包時，碎屑應用碟子盛接，切勿弄髒餐桌。

7. 吐司多用在早餐，在宴席中，不可流於土氣要吐司。

8. 麵包切忌用刀子切割。

(五)吃蔬菜和沙拉的禮儀

1. 配置在主菜裏的蔬菜，都是可以吃的。

2.玉米段插上了牙籤、木棒，可以拿起來啃。但較文雅的方式是將玉米豎起，右手持刀，左手持叉壓住玉米，切下玉米後，用叉舀食。

3.朝鮮薊是用手撕下花萼，一片一片的吃。

4.青豆可用叉子先把它壓扁，再用叉舀起來吃。

5.沙拉用叉子吃，如菜葉太大，可用刀在沙拉盤中切割，然後再用叉子吃。

6.芹菜條可用手取食，當然可用刀叉切割，然後用叉子取食。

7.小粒的番茄，可用手取食。

㈥吃魚、蝦、海鮮的禮儀

1.吃魚片，可用右手持叉進食，少用刀。

2.如係帶頭連尾的全魚，宜先將頭、尾切除，再去鰭，將切下的頭尾鰭推在盤子一邊，再吃魚肉。

3.全魚吃完魚的上層，切忌翻身，應用刀叉剝除龍骨。

4.魚骨的去除，要用刀叉，不能用手。

5.萬一吃到骨頭，不能用吐的方式吐出，應使用拇指和食指自唇部取出放在盤子上。

6.附帶的檸檬片，宜用刀叉擠汁。

7.龍蝦以半隻餉客時，應左手持叉，將蝦尾叉起，右手持刀，插進尾端，壓住蝦殼，用叉將蝦肉拖出再切食。

8.龍蝦腳可用手指撕去蝦殼食之。

9.貝類海鮮，應以左手持殼，右手持叉，刺其肉挑出來吃。

㈦吃肉類的禮儀

1.認識牛排的熟度。如問「要幾分熟的牛排?」要回答正確，事後再重烤或不敢吃，都會引起困擾。

猶帶血的是　rare

半生的是　medium rare

七分熟的是　medium

熟透的是　welldone

2.牛排要吃一塊，切一塊。右手拿刀，左手握叉。

3.切牛排應由外側向內切。一次未切下，再切一次，不能像拉鋸子方式切，亦不要拉扯。

4.切肉要大小適度，不要大塊塞進嘴裏。

5.豬排、羊肉都要熟透，吃法與吃牛排同。

6.烤雞或炸雞，在正式場合用刀叉吃。雛雞，乳鴿等，用叉壓住，刀割下腿肉和胸肉，不要去翻身。為求完整，開始吃時，將它自胸部剖成兩半塊最佳。

7.嚼食肉時，兩唇合攏，不要出聲。口中食物未吞下，不要再送入口。

8.肉類切忌先切成碎塊，不但不雅，而且肉汁流失，殊為可惜。

㈧吃水果的禮儀

1.多汁的水果如西瓜、柚子等，應用匙取食。

2.粒狀水果如葡萄，可用手抓來吃。西洋人的習慣，葡萄連子吞吃。如欲吐子，應吐於掌中再放在碟裏。

3.汁少較脆的水果如蘋果、柿子、梨，可將之切成四片，再削皮用刀叉取食。

4.桃及瓜類，削皮切片後，用叉取食。

5.香蕉可用刀從中劃開，將皮向兩邊剝開後，用刀切一口吃一口。

6.臺灣的椪柑，用手剝皮後，可用手一片一片的撕下來吃。

7.草莓類多放於小盤中，用匙或叉取食。

8.西餐在吃水果時，常上洗手缽 (finger bowl)，所盛的水，常撒花瓣一枚，係供洗手用。但記住，只用來洗手指尖，切勿將整個手伸進去。因此，剛吃完水果的手，不宜用餐巾擦手，應先洗手指，再用餐巾擦乾。

㈨吃甜點的禮儀

1.一般蛋糕及派、餅，用叉分割取食，較硬的用刀切割後，用叉取食。

2.冰淇淋、布丁等，用匙取食。

3.硬餅乾小塊的，可用手取食。

(十)喝咖啡的禮儀

1.用匙調咖啡時，切忌用匙舀起咖啡，嚐嚐是否夠甜。

2.喝咖啡時，用食指和拇指，拈住杯把端起來喝，咖啡碟不必端起。

3.喝完咖啡，咖啡匙要放在碟子上。

4.高級場合的宴會中，咖啡都比較濃，當心喝了回家睡不著覺。

(二)餐桌上一般的禮儀

1.入座後姿勢端正，腳踏在本人座位下，不可任意伸直，手肘不得靠桌緣，或將手放在鄰座椅背上。

2.用餐時須溫文爾雅，從容安靜，不能急躁。

3.在餐桌上不能只顧自己，也要關心別人，尤其要招呼兩側的女賓。

4.口內有食物，應避免說話。

5.自用餐具不可伸入公用餐盤夾取菜餚。

6.必須小口進食，不要大口的塞，食物未嚥下，不能再塞入口。

7.取菜舀湯，應使用公筷母匙。

8.吃進口的東西，不能吐出來，如係滾燙的食物，可喝水或果汁沖涼。

9.送食物入口時，兩肘應向內靠，不宜向兩旁張開，碰及鄰座。

10.自己手上持刀叉，或他人在咀嚼食物時，均應避免跟人說話或敬酒。

11.好的吃相是食物就口，不可將口就食物。食物帶汁，不能匆忙送入口，否則湯汁滴在桌布上，極為不雅。

12.切忌用手指掏牙，應用牙籤，並以手或手帕遮掩。

13.避免在餐桌上咳嗽、打噴嚏、嘔氣，及放屁。萬一不禁，應說聲「對不起」。

14.喝酒宜各隨意，敬酒以禮到為止，切忌勸酒、猜拳、吆喝。

15.如餐具墜地，可請侍者拾起。

16.遇有意外，如不慎將酒、水、湯汁潑到他人衣服，表示歉意即可，不必恐慌賠罪，反使對方難為情。

17.如欲取用擺在同桌其他客人面前之調味品，應請鄰座客人幫忙傳遞，不可伸手橫越，長驅取物。

18.如係主人親自烹調食物，勿忘予主人讚賞。

19.如吃到不潔或異味，不可吞入，應將入口之食物，輕巧的用拇指和食指取出，放入盤中。倘發現尚未吃食，仍在盤中的菜餚有昆蟲或碎石，不要大驚小怪，宜俟侍者走近，輕聲告知侍者更換。

20.食畢，餐具務必擺放整齊，不可凌亂放置。餐巾亦應折好，放在桌上。

21.主食進行中，不宜抽煙，如需抽煙，必須先徵得鄰座之同意。

22.在餐廳進餐，不能搶著付帳，推拉爭付，至為不雅。倘係作客，不能搶付帳。未徵得朋友同意，亦不宜代友付帳。

23.進餐的速度，宜與男女主人同步，不宜太快，亦不宜太慢。

24.餐桌上不能談悲戚之事，亦不宜興歎，否則會破壞歡愉的氣氛。

第三節　宴客的禮儀

一、宴會的種類

宴會的種類不外乎午宴、晚宴、宵夜、酒會、自助餐、茶會、野餐、早餐會、園遊會、舞會、家庭會等，茲介紹如次。

㈠午　宴 (lunch, luncheon)

目前工商業發達，利用午間酬酢，越來越普遍。一般情形，於中午十

二時至下午二時間，邀請友好或客戶餐敘，或商談業務。由於午後各人仍須工作，故午宴時間不宜太長。業務性的午餐 (business lunch) 尤求簡單。宴會或純為男性，或純為女性，或男女成對，可各隨主人之意。

㈡晚　宴 (dinner)

在國內，晚宴時間較早，多在入夜六時後舉行。在歐美都在七時以後，在拉丁美洲國家，則多在八時以後。較正式的晚宴，應邀夫婦參加，不宜舉行純男性的宴會 (stag party)。通常晚宴會常有餘興節目，在國外以跳舞、音樂、遊戲、電影等，較為普遍。國內於晚宴的同時，邀請歌舞團，樂隊助興的也不少。較正式的宴會又稱 banquet，以國宴 (state banquet) 為最。

㈢宵　夜 (supper)

在歐美的社會，於先觀賞歌劇、音樂會，或表演之後，邀請友好宵夜。國內情形雖有，但國人的宵夜和歐美人士的宵夜，在內容上稍有區別，雖都是在晚上較遲的時間舉行，國人以簡單的餐點，如稀飯小菜為主。歐美人士的宵夜，則和晚餐一樣，吃得很豐盛。

㈣早餐會 (breakfast meeting)

利用早餐七時至九時之間洽商，或舉行簡報，已越來越普遍。早餐會中食用早點，又簡單又方便。

㈤茶　會 (tea, tea party, at home)

利用下午四點以後舉行的，稱下午茶會 (afternoon tea party)，利用上午十一時至下午一時間舉行的，稱上午茶會 (morning tea party)。茶會多半係介紹家庭中的人員，或慶祝生日、紀念日等，規模不必大，常有親切感。

㈥酒　會 (cocktails, cocktail party, reception)

酒會常稱雞尾酒會 (cocktail party) 或招待會 (reception)，在外交場合、

公司行號開幕、社團慶祝紀念會等，常常舉行。時間通常在下午四時至八時，備有各式小吃、雞尾酒和飲料等。小吃常置於主桌上，另可設酒吧檯，供應酒水。晚近臺北高層工商界舉行的酒會中，甚至在酒會場設小吃攤，如擔擔麵、鍋貼、日本料理等，引人入勝，並可大快朵頤。

㈦園遊會 (garden party)

北部各大學於慶祝校慶時，常舉辦園遊會，由於利用花園舉行，場地空曠，便於設攤拉篷，廣設南北小吃，令人喜愛。在正式社交場合的園遊會，亦同樣的，在花園中張傘鋪桌，或在樹蔭下設桌椅，準備酒、水、果汁、小吃，賓主可自由自在。園遊會實則形同酒會，惟時間略早，一般訂在下午三時至七時之間，且可安排餘興節目。

㈧自助餐 (buffet)

舉行自助餐款宴賓客，越來越普遍，不但有午宴、晚宴，且早餐會用自助餐者也很多。因其具有下列優點：
1. 不必排座次，免除賓客排位之麻煩。
2. 人數不受拘束，多來幾位或少來幾位，都沒有關係。
3. 主人之服務，可節省人力。
4. 客人先後參差進食，免除必須等客人到齊，始能進餐的困擾。
5. 宴會可在自由自在氣氛中舉行，客人間較多彼此認識的機會。

㈨家庭會 (open house)

喬遷之喜，或歡迎故舊好友到家裏，藉邀親友到家裏聚會，略備茶點飲料，可舉行家庭會。此種形式的聚會和茶會類似，上下午均可舉行，但請柬上務須註明時間。喬遷誌慶的家庭會稱 house warming party，有鬧新屋之意。

㈩舞　會 (ball, dance)

　　ball 和 dance 同是舞會，但前者為不同年紀友人間的舞會，規模較大。後者是同一年紀友人間的舞會，規模較小。地點可在宅所、飯店、俱樂部舉行，主人應備飲料及小吃招待賓客。舞會有午後舉行的茶舞 (tea dance)、餐舞 (dinner dance)，其意即指供備茶點、餐點。至不邀請晚餐，光是跳舞的，則稱餐後舞 (after dinner dance)。

㈡其　他

　　其他的宴會有壽宴 (birthday party)、結婚週年紀念 (wedding anniversary party)、狩獵會 (hunting party)、野餐 (picnic) 等。

二、邀請──發帖與回帖

　　國人對於邀宴，除特殊喜慶如結婚、訂婚等外，向來較為隨便，未如歐美國家的嚴肅。常常當面約定，或電話中邀請後即成定局。但在歐美的社會，在面邀後，一定要發帖，以示慎重，即令普通的聚會約二、三知己便餐，也會寄上便條提醒，這是很好的習慣，免得被邀者在不能完全確定邀宴是否舉行情形下，會有無所適從的感覺。

　　邀宴必須發帖，被邀者是否參加，亦宜回帖。請帖務求大方美觀，其內容必須包括：

　　1.宴會的目的：請帖上必須說明舉行宴會的目的，如為長公子完婚，或為歡迎某訪問團，或歡迎某人，或為公司開幕等。一般的情形，在請帖的開頭，即列明目的。茲以前外交部長連戰先生的正式請柬為例，可供作參考的模式，情形如例㈠及例㈡。

例㈠　連前部長款宴美國聯邦參議員何林斯一行

為歡宴美國聯邦參議員何林斯暨薛爾畢等一行謹訂

於中華民國七十七年八月十七日（星期三）敬備菲酌

恭候

臺　光

連　戰

連方瑀　謹訂

時　間：下　午　七　時

地　點：外　交　部　五　樓

服　裝：男賓：深　色　西　服

　　　　女賓：長旗袍或晚禮服

連部長暨夫人八月十七日晚宴

回　　帖

□陪

□謝

回　帖：請寄介壽路二號外交部禮賓司交際科

電　話：三六一七六七二・三一六一六五七

聯絡人：

啟

月　日

例㈡　連前部長歡迎參加「中華民國進步夥伴展」之代表團

<table>
<tr><td>

帖　回

□　陪
□　謝

連部長八月二十六日茶會

回　帖：請寄臺北市介壽路二號外交部禮賓司交際科

電　話：三一六一六五八‧三一四六九六一

聯絡人：

啟

月　日

</td><td>

臺　光

連　戰　謹　訂

時　間：上午十時十五分

地　點：外交部五樓

服　裝：男　賓：西服

女　賓：洋裝

</td><td>

為歡迎參加「中華民國進步夥伴展」之代表團暨記
者團謹訂於中華民國七十七年八月二十六日（星期
五）敬備茶點　恭候

</td></tr>
</table>

　　民間人士之請帖，如二十一世紀基金會董事長高育仁先生為其基金會
成立之酒會請柬，見例㈢。

例㈢

謹訂於中華民國七十七年八月廿七日（星期六）下午三時至五時假臺北市重慶南路一段卅號第一商業銀行總行大樓二十二樓禮堂舉行本基金會成立大會暨慶祝酒會　恭請

光　臨

二十一世紀基金會

董事長　高　育　仁　敬邀

（若不克參加，請電示
三七一八八九五　高娟娟小姐）

英文請柬部分，如例㈣、例㈤及例㈥。

例(四)

Mr. Yu-jen Kao

Chairman of the 21st Century Foundation

requests the pleasure of your company

at a reception celebrating

the Inauguration of the 21st Century Foundation

on Saturday, August 27, 1988

from 3:00 p.m. to 5:00 p.m.

22nd Floor, First Bank Building

30 Chungking South Road, Section 1, Taipei

Regrets only

Ms. C. C. Kao

Tel. (02) 371-8895

例(五)

Mr. Yu-jen Kao

Chairman of the 21st Century Foundation

cordially invites you to participate in

Seminar on Moving Toward the 21st Century

Problems, Issues, and Directions

on Sunday, August 28, 1988

from 9:00 a.m. to 6:00 p.m.

22nd Floor, First Bank Building

30 Chungking South Road, Section 1, Taipei

Regrets only

Ms. C. C. Kao

(02) 371-8895

例(六)

The President of the Republic of Honduras

and Mrs. Jose Simon Azcona

request the pleasure of your company

at a reception and ceremony of decoration to

H. E. Mr. Lee Teng-hui, President of the Republic of China

on Saturday, April 15, 1989

at 19:00 hours

Regrets only

751-8737

Dress: Dark Suit or Uniform   International Reception Hall

　　　　Lounge Dress   First Floor, Grand Hotel

2.主人的姓名：無論中西文請柬，必須列明主人的姓名。在西式請柬中，亦有以機關或以個人之職銜柬邀，而不具名者，如例(七)。

例(七)

On the occasion of their

1986 Tour of Asia

and their visit to the Republic of China

The Heritage Foundation

and its Board of Trustees

request the pleasure of your company

at a Reception

on Saturday, October 4, 1986

from 6:30 to 7:30 p.m.

R.S.V.P.   The Grand Hotel

7720551   International

7720552 Ms. Hsiung   Reception Hall

3.被邀請人之姓名：中文請柬的被邀請人姓名，多寫在信封上，或邀請單身，或邀請夫婦，必須寫清楚。英文的請柬中，有僅在信封上載明，又有在請柬中寫清楚的，情形如例㈧及例㈨。

4.宴會的種類：邀宴的方式，必須在請柬中表明，如晚宴、午宴、酒會、茶會等。

5.時間：為了客人有所遵循，請柬中必須寫明時間，即月、日、星期、上午或下午、時辰。如係酒會，必須表明由幾時幾分到幾時幾分。

例㈧

Mr. and Mrs. *William Chen*

request the pleasure of

Miss Jacquelyn Adelson's

company at a dance
Monday, the first of January

at ten o'clock
1300 Massachusetts Avenue
Washington, D.C.

例㈨

Mr. and Mrs. Charles Smith Prescott
request the pleasure of
Miss Wing's[1]
company *at dinner*
on *Tuesday, the Second of May*
at *eight o'clock*
4 East Eightieth Street

R.S.V.P.

6.地點：宴會在什麼地方舉行，要表示清楚，如係某大飯店某廳，如

係自己寓所，必須寫明係某街某號、某大樓、第幾層等。

　　7.服裝：正式場合的宴會，乃至一般非正式場合的宴會，都要注明服裝，不然客人將無所適從。正式場合的宴會中有著小晚禮服 (black tie)，或大禮服 (white tie)，一般普通的宴會，多著深色便服 (dark suit)，即深色西裝。

　　8.回帖：款宴的主人，為確定客人是否參加邀宴，多要求被邀的客人回音。目前較為正式的請柬，多附寄回帖，讓客人選擇參加或不參加後，依址寄給主人，情形如前列請柬例㈠及例㈡。或只要求客人以電話回答者，情形如例㈢。又有規模較大的酒會，主人為避免回帖多造成困擾，僅要求不克參加時，請回音者。至西式的請帖，為要求客人回音，均在請帖的左下角，寫上法文「敬請回音——Répondez s'il vous plaît」，字母的簡寫R.S.V.P.。目前國際社會中，無論是法、西、葡、義大利語國家，請柬中要客人回音，均沿用 R.S.V.P.。情形如請柬例㈦。至於正式的宴會，也有印就回帖 (return card) 請客人回音的，情形如外交部為慶祝國慶酒會所印製的回帖及普通簡單的回卡。

☐ accepts ☐ regrets 　Friday, January second 　Columbus Country Club	M _____ 　　will _____ attend 　Friday, January second

普通回卡

　　如果主人並未備就回帖，被邀者於接到請帖後一日內，應回答是否參加。一般流行的方式，較為正式的，可用卡片型式作答，情形如下例。較為普通，即非正式的宴會，可用名片寫上參加或不參加，寄給主人即可，情形如下：

Mr. and Mrs. Richard Roth
accept with pleasure
the kind invitation of
Mr. and Mrs. William Jones Johnson, Jr.
for dinner
on Monday, the tenth of December
at eight o'clock

表示接受邀請

Dr. and Mrs. Kenneth Cohen
regret that they are unable to accept
the kind invitation of
Mr. and Mrs. Jordan Evan Anderson
for Monday, the tenth of December

表示歉意不克參加

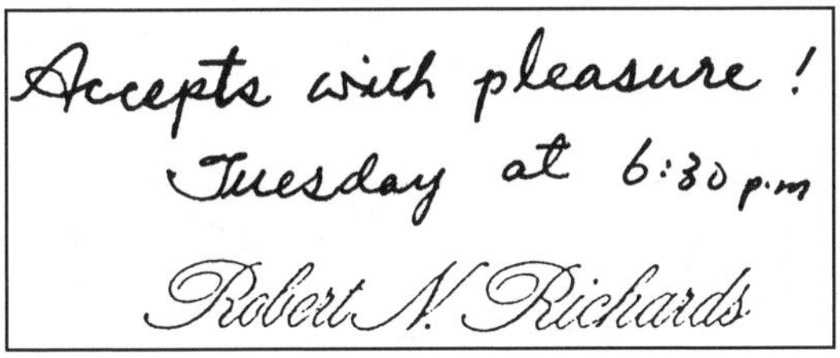

Accepts with pleasure !
Tuesday at 6:30 p.m

Robert N. Richards

圖 3-14　使用普通名片

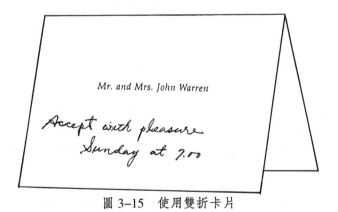

Mr. and Mrs. John Warren

Accept with pleasure
Sunday at 7.00

圖 3-15　使用雙折卡片

　　一般非正式的宴會，或邀請較為熟稔的親友同事，正式發帖會顯得拘束誇張，如不慎重邀請，又會失禮，此時常用兩種方式：其一，用自己的名片寫上宴會目的、時間和地點，並要求回音。其二，用雙折卡當請帖邀請。其範例如下：

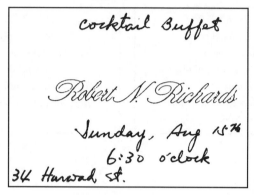

圖 3-16 使用名片

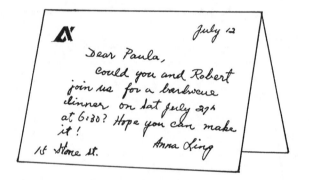

圖 3-17 使用雙折卡

發帖和回帖的一般禮節：

1. 邀宴最少宜於兩週前通知被邀請的客人，如電話連絡後，應立即發帖。

2. 即令很熟的朋友，口頭邀請後，應立即補送邀請卡。

3. 邀請對象是單身，或一對，即只邀先生或邀一對，務必在請柬中寫明，以免引起困擾。

4. 被邀請者於收到請柬後，應立即回帖。

5. 如邀宴變卦，改期或取銷，除先電話通知外，應立即寄發通知，其範例如下。

> *Owing to the illness of their daughter*
> *Mr. and Mrs. William Chen*
> *are obliged to recall their invitations*
> *for Tuesday, the tenth of June*
> 由於小女生病,原訂六月十日星期二之
> 邀宴不得不取銷。

6.已被口頭邀請，但遲未接獲請柬，宜向主人求證。

三、座位的禮儀

一般的宴會，除自助餐、茶會及酒會外，主人必須安排客人的席次，不能以隨便坐的方式，引起主客及其他重要客人的不滿。尤其有外交團的場合，大使及代辦之間，前後有序，絕不相讓。桌有桌的大小順序，每桌的座位又有尊卑，圓桌與方桌的排位方式不同，長桌與馬蹄形桌排位方式亦不一致。為供讀者參考，茲就桌次的順序和每桌座位的尊卑，分述如次。

㈠桌次的順序

一般家庭的宴會，飯廳置圓桌一檯，自無桌次順序的區分，但如席設飯店或禮堂，圓桌兩桌，或兩桌以上時，則必須定其大小。其定位的原則，以背對飯廳或禮堂的正位，以右邊為大，左邊為小，如場地排有三桌，則以中間為大，右邊次之，左邊為小。各種圓桌排法，變化很多，茲以圖形，舉例如下：

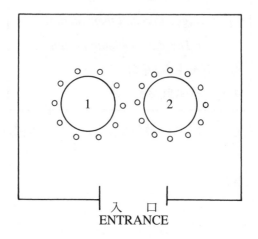

圖 3-18 兩圓桌並排，以右邊為大。

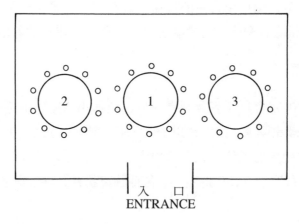

圖 3-19 三圓桌並排，以居中為大，右邊次之，左
邊最小。

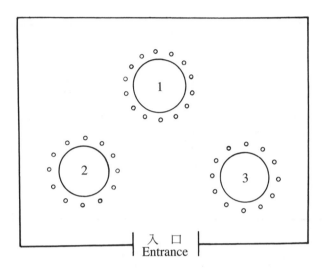

圖 3-20 三圓桌品字形排法，此形較能突顯首席的尊位。

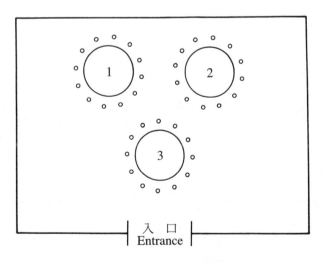

圖 3-21 三圓桌成鼎足形的排列法

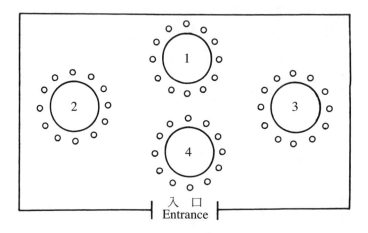

圖 3–22　四圓桌成鑽石形的排列法

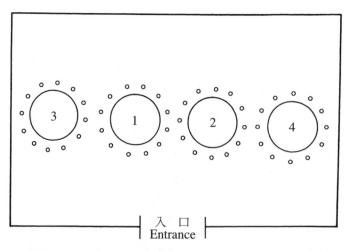

圖 3–23　四圓桌成一字形的排列法，此形除非場地受到限制，
不然不如排鑽石形。

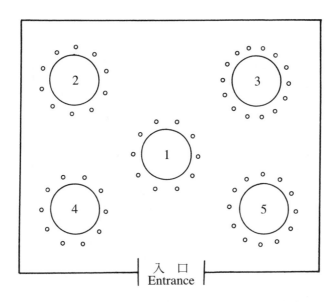

圖 3-24　五圓桌成軸心形的排列法，以中央為首席，居
　　　　　眾星拱月之勢，較為莊嚴。

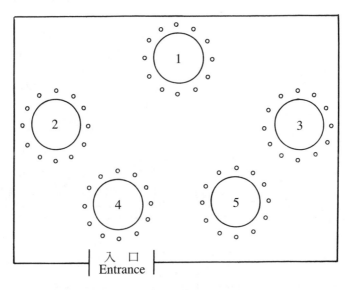

圖 3-25　五圓桌成梅花形的排列法

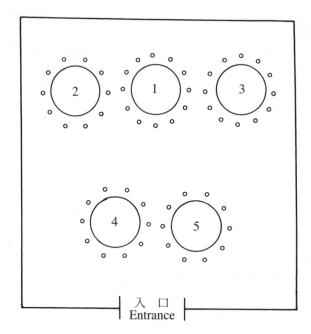

圖 3-26　五圓桌成倒置梯形排列法

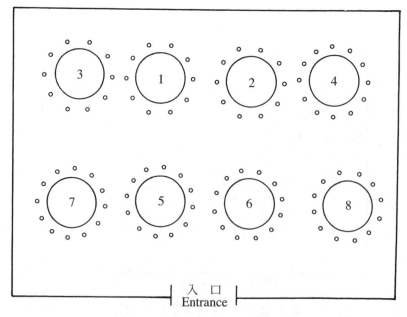

圖 3-27　八個圓桌成兩排時排列法

　　至西式的餐桌，或為長桌，或為 T 字形桌，或為馬蹄形桌，或為三足
鼎立形桌，均連成一體。各種桌形的排法如下：

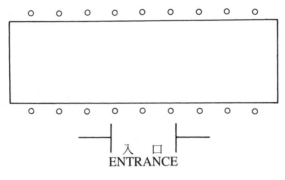

圖 3-28　一條長桌的排法

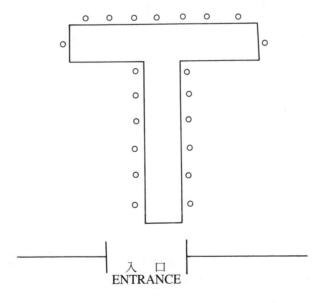

圖 3-29　T 字形的排法

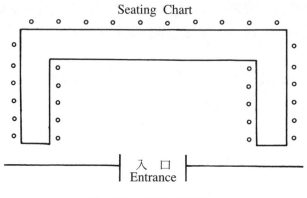

圖 3–30　馬蹄形的排法

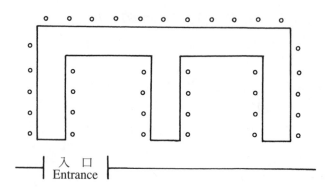

圖 3–31　三足鼎立形的排法

(二)座次圖與座位籤卡

　　一般正式的宴會，或講究排場非正式的宴會，由於主人及女主人均無法侍候賓客就座，因此備有座次圖 (seating chart)，置於宴會廳入口前，或置於客廳邊角處，供應邀賓客查明自己坐於那一個位置，同時便於查明左右鄰座及對面座客人之姓名，俾在宴會就座時，照料女賓或長者。此種座次圖，由木板製成，上鋪絨布，中間釘上桌形板，底盤與桌形板的空隙，便於座位籤插入固定。座位籤可用硬紙切割成細條應用。一般的例子，男

士用白色的籤，女士則用粉紅色的籤，以資識別。參加宴會的賓客，依其
長幼尊卑排定座次後，即用座位籤固定在座次圖板上，展出供賓客查閱。
此外，並在餐桌上準備座位卡 (table card)，通常以雙折卡片，書寫賓客姓
名，置於餐桌每人座前，供賓客入席時指引用，而另一面並可供對面座之
賓客識別自己之姓名。遇宴會人多，如超過二十人以上，或席設二桌以上，
亦宜備座次圖，註上賓客的座位，於賓客蒞臨時，即遞給客人，供客人認
明自己的座位，位於那一桌，那一個座位，客人即依座次圖標明的位置，
按圖索驥，便於入座。座次圖之範例，如圖 3-32。

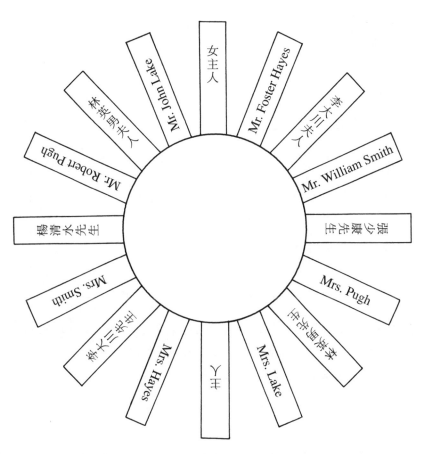

圖 3-32　中式圓桌十六人座座次圖，座位籤男士用白色，女士用粉紅色。

　　目前我國外交部款待外賓時所使用的雙折座位卡，座次圖及座位籤如
圖 3–33。

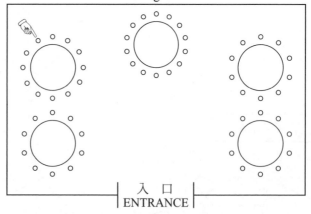

圖 3–33　座位籤可中英文並列，亦可僅書寫英文。座次圖要標明方
　　　　　位及賓客的座位。圖中手指頭標示的，即係座次圖持有人
　　　　　的座位。

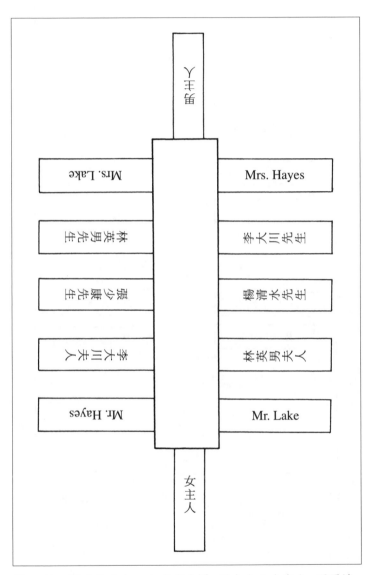

圖 3-34 西式長桌十二人座座次圖,男女主人分坐上、下兩端。

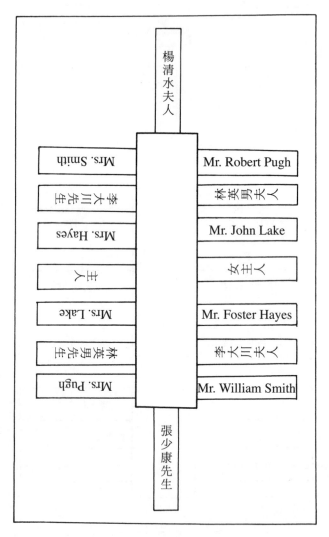

圖 3–35　西式長桌十六人座，男女主人分坐於長桌左右
　　　　兩邊座次圖。

(三)席次的安排

　　賓客邀妥後，必須安排客人的席次。目前我國內社會以中餐圓桌款宴，
有中式及西式兩種席次的安排。兩種方式不一，但基本原則相同。一般而

言，必須注意下列原則：

　　1.以右為尊：前述桌席的安排，已述及尊右的原則，席次的安排，亦以右為尊，左為卑。故如男女主人並坐，則男左女右，以右為大。如席設兩桌，男女主人分開主持，則以右桌為大。賓客席次的安排亦然，即以男女主人之右側為大，左側為小。

　　2.職位或地位高者為尊，高者坐上席，依職位高低，即官階高低定位，不能逾越。

　　3.職位或地位相同，則必須依官職之倫理定位。如我國各部會首長席位之高低，則依憲法中各部會排名的先後為準。省府各廳處長的先後，亦依省府組織法中排名的先後為歸。

　　4.遵守外交慣例：依各國的慣例，當一國的政府首長，如總統或總理款宴外賓時，則外交部長的排名在各部會首長之首。以我國為例，如行政院長宴請各部會首長，因無外賓，故內政部長排在首位，因為在憲法中，內政部排名居首。但行政院長款宴外賓，各部會首長均參加，則外交部長排在首位。

　　5.女士以夫為貴，其排名的秩序，與其丈夫相同。即在眾多賓客中，男主賓排第一位，則其夫人排第二位。但如邀請對象是女賓，因她是某部長，而她是主賓排在第一位，此時她的丈夫並不一定排在第二位，如果同席的還有其他部長，而這位先生官位不顯，譬如是某大公司的董事長，則必須排在所有部長之後，夫不見得與妻同貴。

　　6.與宴賓客有政府官員、社會團體領袖及社會賢達參加的場合，則依政府官員、社會團體領袖、社會賢達為序，這是原則。惟政府官員有大小，社會團體領袖有望重，社會賢達中亦有德高的情形。如擔任前中華民國全國工商總會理事長辜振甫先生，雖未擔任官職，但他當時是國民黨中央委員會常務委員，所以他的席次，於宴請外賓的場合，可排在部長之後，如並非款宴外賓，則可排於部長之間或之前。故席次的排位，多方考量，不能隨便。

　　7.歐美人士視宴會為社交最佳場合，故席位採分座之原則；即

　　男女分座，排位時男女互為間隔。

　　夫婦、父女、母子、兄妹等必須分開。

　　如有外賓在座，則華人與外賓雜坐。

　　8.遵守社會倫理，長幼有序，師生有別，在非正式的宴會場合，尤應恪遵。如某君已為部長，而某教授為其恩師，在非正式場合，不能將某教授排在某部長之下，貴為部長的某君，在此種場合，亦不敢逾越。

　　9.座位的末座，不能安排女賓。

　　10.在男女主人出面款宴而對座的席次，不論圓桌或長桌，凡是八、十二、十六、二十、二十四人（餘類推），座次的安排，必有兩男兩女並坐的情形。此或然率無法規避。故理想的席次安排，以六、十、十四、十八人（餘類推）為宜。故讀者諸君，或自為主人，或為人部屬，替自己的上司安排宴會時，不能不察。

　　11.如男女主人的宴會，邀請了他的頂頭上司，如部長邀請了行政院院長，經理邀請了其董事長，則男女主人必須謙讓其應坐的尊位，改坐次位，不要僭越。

　　以上是席次安排的原則。由於席次決定尊卑，賓客一旦上桌坐定，比比左右或前後賓客，尊卑井然。如主人疏失，前後錯誤，會引起與宴賓客的不快。如係宴請外交使節，會引起他們的抗議。因此，賓客複雜的情形下，到底某甲是否比某乙大，必須查明。如下列情形：

　　部長與四星上將，那位在前？（部長）

　　國立大學校長和次長，那位在前？（校長）

　　故宮博物院院長和國立大學校長，那位在前？（院長）

　　而一個有六位大學教授參加的宴會呢？應該排那位在前？（需考慮輩份、長幼）

　　立法委員和部長，那位在前？（部長）

㈣席次圖的範例

　　1.中式方桌的排位法

　(1)男女主人並排坐，男女主賓一對坐上位，賓客夫妻不分開。見圖 3-36。

　(2)主人坐下位末席，禮讓客人坐上席。此排法為男主人單身，女主人未出面。見圖 3-37。

2. 中式圓桌的排位法

　(1)男女主人並排坐，男女主賓並排坐上位，其他賓客夫妻並肩，不拆散。見圖 3-38。

　(2)賓客未盡雙對，男女主人並肩坐下席，賓客自上位由右而左，依序往下排。見圖 3-39。

　(3)主人為單身坐下位，主賓坐上位，其他賓客由右而左，自上而下排位。見圖 3-40。

　(4)遇席設兩桌，男女主人分開各主持一桌，賓客夫婦成雙，不拆散，坐上位，自右而左排位，但有一對將分開坐於下位6。見圖 3-41。

　(5)宴會廳成長方形，則男女主人分開，女主人坐上位，男主人坐下方桌之下位，遙相呼應。男女賓客不成雙，拆散後分別排於兩桌。見圖 3-42。

3. 西式方桌的排位法

　(1)男女主人分坐，女主人坐上位，男女主賓陪坐女男主人旁。見圖 3-43。

　(2)主人為單身之情形，主賓坐上位。見圖 3-44。

4. 西式圓桌的排位法

　(1)女主人坐上位，男主人坐下位，男女主賓各在女主人及男主人的右側，由於是十二人，故有兩女賓及兩男賓排在一起之情形。見圖 3-45。

　(2)主人為單身之情形，主賓坐上位，依次由主人右、主賓右依序排位。見圖 3-46。

　(3)主人單身，為便於招呼賓客，安排有副主人，這時主人可坐上位，亦可坐下位。副主人與主人對坐，圖 3-47 為主人坐上位情形。

⑷情形同⑶，但主人坐下位，副主人（如女士）坐上位。見圖 3–48。

⑸兩圓桌時，男女主人可主持一桌，另一桌請副主人一對，或男女主人分開，由主賓夫婦分開坐各桌之首席。見圖 3–49 及圖 3–50。

⑹至席設三桌以上，則男女主人主持主桌，其餘桌次可安排男女副主人主持，如三桌之情形，如圖 3–51。

5.西式長桌的排位法

西式宴會中，以長桌較為普遍。規模較大的，則佈置 T 形桌、馬蹄形桌，或三腳形桌等。其席次的安排如下：

⑴賓主共六人，男女主人對坐於長桌兩邊之情形，見圖 3–52。

男女主人對坐於長桌兩端之情形，見圖 3–53。

⑵賓主共八人之情形。在圓桌席位的安排中，如賓主共八人、十二人、十六人、二十人……時，則無可避免的會造成最後兩席兩男及兩女並坐的情形，已如前述。長桌席次的安排亦然。圖 3–54 是較為理想的安排，男主人對男主賓，女主人對女主賓，男女間隔理想。圖 3–55 男女主人對坐，則形成兩端的男女，各有一方為兩男或兩女相鄰。圖 3–56 為只有女主人出面，沒有男主人，則可安排較熟稔的女賓坐對面，這種安排較為理想。圖 3–57 為男女主人分坐兩端，無可避免的會造成兩女、兩男並坐的情形。

⑶賓主共十人的情形。凡遇六人、十人、十四人、十八人，餘類推，較易安排席位，男女主人或坐於兩端，或兩側，可獲男女間隔整齊的排位。情形如圖 3–58 及圖 3–59。

6. T 形桌的排位法

如宴會廳寬度不足，而賓客人多，則排 T 形桌較為適合雅觀。其排位順序由主桌中間主人席右左起，由上而下，茲以二十四人之排位，作圖如圖 3–60。

7.馬蹄形，即ㄇ形桌之排位法

如賓客眾多，而宴會廳寬敞，則排馬蹄形桌較為壯觀。其排位順序，以上桌為上位，兩排向外延伸的長桌，以內側為先，外側為後，右左依序

排列。茲以四十人的宴會為例，如圖 3-61。

　　男女主人共同主持，而其地位高於其他賓客，則可坐於主桌中央，夫婦並坐，女右男左，如圖 3-62。

　　如主人與主賓地位相若，則主賓夫婦與主人夫婦可夾雜坐於主桌的中央，其排位方法如圖 3-63。

　　8.冂形桌的排位法

　　冂形桌的排位方法和馬蹄形桌大同小異。西式長桌排位的原則，以越靠近主人，位越尊，故其排位順序，從主桌起排定後，在三檔向外延伸的長桌部分，以中間為尊，右次之，左為末，排位方法如圖 3-64。

　　9.冊形桌的排位法

　　遇大規模正式的晚宴，如元首款待友邦元首的國宴，行政院長款待友邦的總理，席設大飯店的大廳，賓客眾多時，以排冊形桌較為壯觀。其排位方法如圖 3-65。

　　10.鐵板燒桌形排位法

　　年來，臺北流行鐵板燒，使用不銹鋼廚具，清潔亮麗，廚師當眾表演，可讓賓客食指大動，故甚受歡迎。鐵板燒圍爐而坐，桌形成凵字形，其排列方法一如冂形桌，只是倒置，情形如上，至於男女主人與男女主賓之排位，與冂形桌同。見圖 3-66。

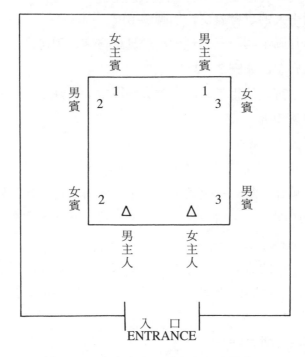

圖 3–36 中式方桌，男女主人並排坐。

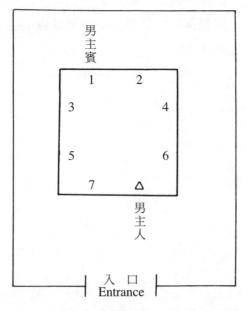

圖 3–37 中式方桌，女主人未出面。

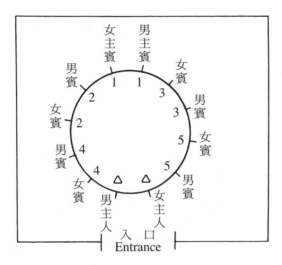

圖 3-38　中式圓桌，賓客夫妻並肩。

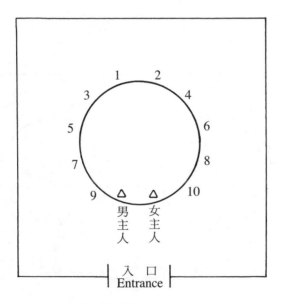

圖 3-39　中式圓桌，賓客未盡雙對。

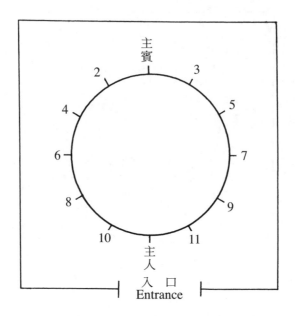

圖 3-40　中式圓桌，主人單身。

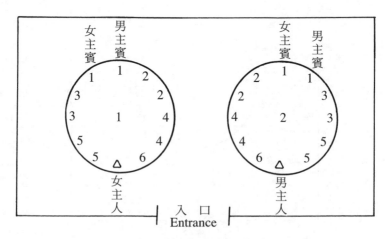

圖 3-41　中式圓桌，席設兩桌。

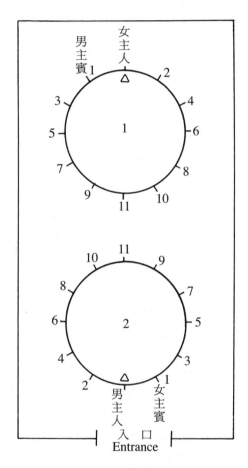

圖 3-42 中式圓桌，席設兩桌，宴會廳
成長方形。

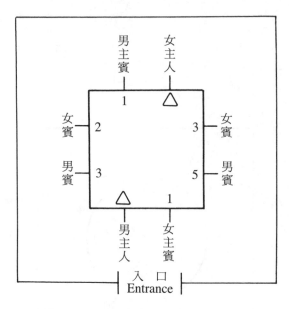

圖 3-43　西式方桌，男女主人分坐。

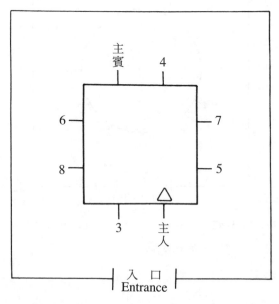

圖 3-44　西式方桌，主人單身。

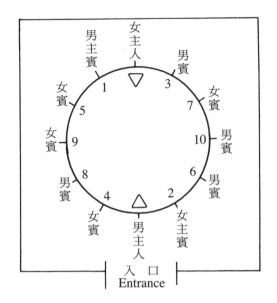

圖 3-45　西式圓桌的排位法

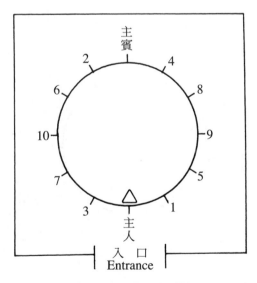

圖 3-46　西式圓桌，主人單身。

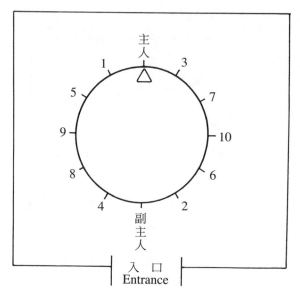

圖 3-47　西式圓桌，有副主人。

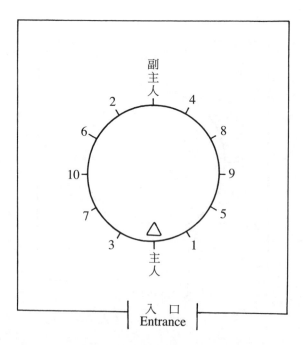

圖 3-48　西式圓桌，副主人為女士。

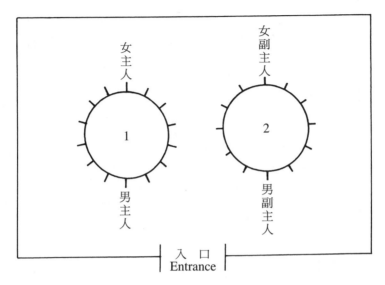

圖 3-49 男女主人主持一桌，另請男女副主人主持另一桌。

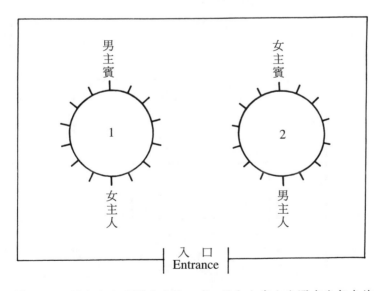

圖 3-50 男女主人分開各主持一桌，男女主賓亦分開各坐每桌首席。

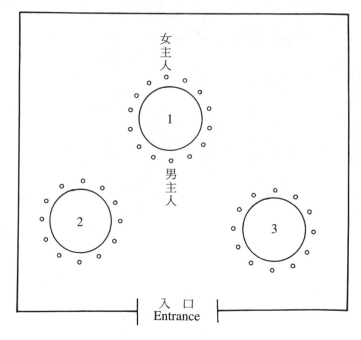

圖 3-51　席設三桌以上

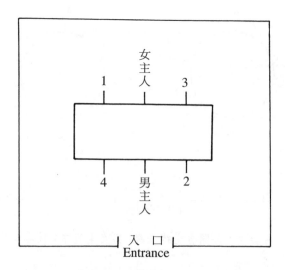

圖 3-52　西式長桌，男女主人對坐於長桌兩邊。

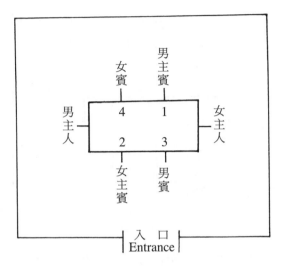

圖 3-53 西式長桌，男女主人對坐於長桌兩端。

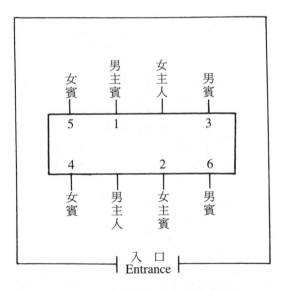

圖 3-54 西式長桌理想的男女間隔

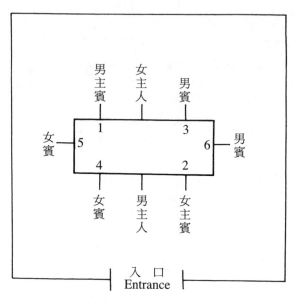

圖 3-55　男女主人對坐

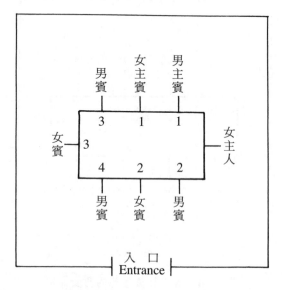

圖 3-56　只有女主人出面

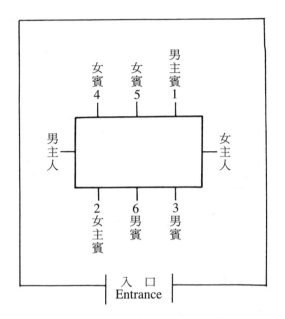

圖 3-57　男女主人分坐兩端

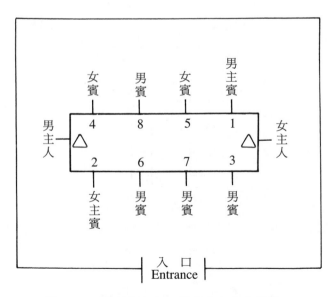

圖 3-58　賓主共十人，男女主人分坐兩端。

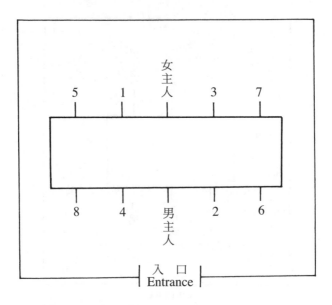

圖 3-59　賓主共十人，男女主人分坐兩側。

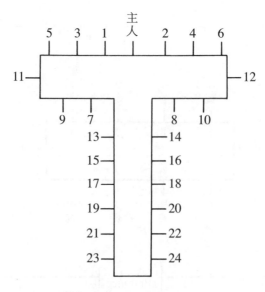

圖 3-60　T 形桌的排位法

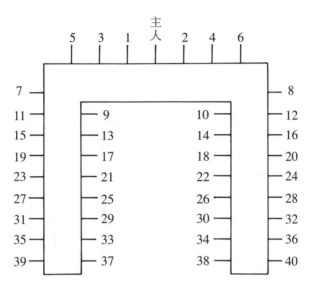

圖 3-61 ∏形桌的排位法

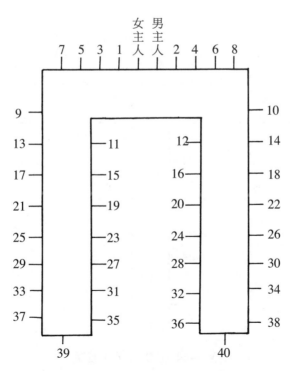

圖 3-62 ∏形桌，男女主人共同主持。

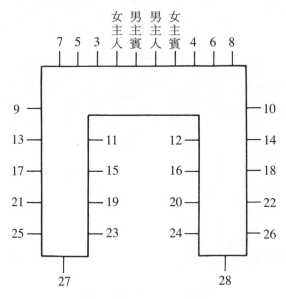

圖 3-63　ㄇ形桌，主人與主賓地位相若。

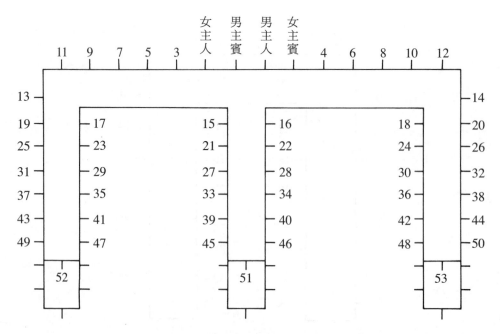

圖 3-64　ㄇ形桌的排位法

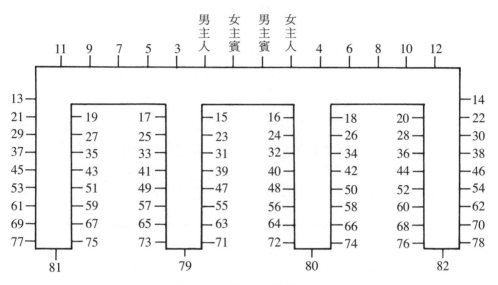

圖 3-65 ⅢⅢ形桌的排位法

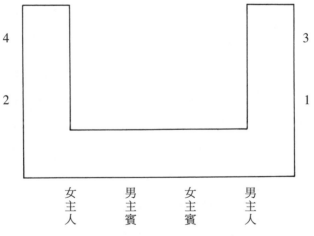

圖 3-66 鐵板燒桌形的排位法

摘　要

　　本書篇幅佔得最多的是本章食的禮儀。此乃由於人類皆以食為天，從茹毛飲血到今天對吃的講究越來越進步，有關的禮節，也越來越繁多。

　　本章所述分：認識西餐、日常飲食與宴客的禮儀三部分。由於國人對西餐的認識多模糊，因此著者在第一節中，分西餐的餐具、西餐的主副食、洋酒等分別介紹。第二節有關日常飲食的禮儀，約略介紹了我國古禮、國民禮儀範例中的規定，普遍應注意的禮儀等各方面，作詳細的介紹。第三節有關宴客的禮儀，則分宴會的種類、邀請和座位的安排三部分，作詳細的說明。吃為人生最重要的一部分，交際應酬擺脫不了吃喝，因此本章為國際商業禮儀中重要的部分。

第四章

衣的禮儀

「佛要金裝，人要衣裝」，「三分人才，七分打扮」，可見穿著對一個人是多麼重要。衣不僅蔽體，而且穿在身上，代表著一個人的身分、教養、教育程度，也代表著一國的文化。日本的子民，無論流落在何地，每逢日本的節慶，女士多著和服；韓國子民亦然。中東阿拉伯人的一襲白袍，頭戴白布包，乃至蘇格蘭子民在節慶時，男士們穿著的花格裙子，這些都充分的反映了他們的文化。在國際交流頻繁的今日，衣的禮儀，應有充份的認識。

衣著並不僅是指衣服而言，帽子、領帶、絲巾、圍巾、手套、皮包、首飾、皮鞋，均包括在內。什麼時候，什麼場合，什麼身分，該穿什麼衣服，該配什麼皮包和鞋子，宜否戴手套，可否戴帽子，並不是可隨心所欲，標新立異，也毋需追求時髦、浮華和奢侈，顯耀衣服的名貴，必須合適合宜，整潔樸素，美觀大方，既適合自己的身分，在若干具有代表性和國際性的場合，又能代表自己國家的文化。衣著要合適合宜，並不是講究時尚和艷麗，要能讓人欣賞和敬重，則必須熟悉衣的禮儀，時時加以留意。

第一節 穿衣的基本原則

穿衣的禮儀，有普遍遵行的原則，大致如下：

1.衣服要整齊清潔。俗語說整齊就是美觀，穿衣的基本要求就是整齊和清潔。如男士一襲西裝，卻未帶領帶，或上裝與褲子不同顏色，或起縐不平，即是不整齊。衣服沾有油污，或未洗乾淨，即是不潔，這些都不能登大雅之堂。

2.衣服裁剪要合身：只有合身，才能顯出精神和體態美。裁剪過寬，則顯臃腫，過小則顯俗氣。

3.衣服的款式要合時：在歐美的社會，講究時尚，雖然上層社會保守，但多少也迎合時尚的流行。如男士們西裝的寬領變窄領、雙排扣或單排扣的流行等，我們必須迎合流行的款式。至什麼場合要穿什麼衣服，也必須

留意如穿著不合時的衣服，只有使自己變得尷尬。

4.衣服要配合季節：冬裝、夏裝和秋裝，要有區別。

5.穿著要與自己的年齡和身分相稱。一位花甲的女士，穿了雙十年華少女的衣服和裝扮，大家都會認為不配和不雅。

6.在高級社交場合，男女衣著均較保守，並不是如影藝界，爭奇鬥艷，五花八門，以別苗頭。

7.衣服應與生活一致，居家，著便服；工作，著工作服；運動，著運動服；上班，穿制服或西服；應酬，穿深色西服或禮服；狩獵，著獵裝；睡眠，穿睡衣，此種穿衣方式，已成為普遍被遵行和接受的原則。

8.凡穿大衣及戴帽者，入室即應取下，交侍者保管，或放置衣帽室，出門時，再取戴。

9.不可在人前整衣，脫襪更衣，尤應迴避。

10.參加喪禮、弔唁，應衣著樸素。男士應著深色西服打黑領帶，女士著黑色衣服，素裝。

11.遇著禮服場合，舉止應端莊，不得嬉笑。

12.皮鞋應擦拭，務求光亮，鞋帶應結好。

第二節　服飾的種類

在西洋的社會裏，較講究穿衣的禮儀，婚喪、居家、工作、運動、應酬、慶典、狩獵等場合，衣著不同。而且來自巴黎的時裝設計，始終引導時尚，左右世界流行的趨勢。因此，若要探討穿衣的禮儀，首先要認識服飾的分類。

一、男士的服飾

㈠便服 (lounge suit) 或辦公服 (business suit)

男士的服飾自第二次世界大戰後，隨著工商社會的發達，保守的風格，日趨開放，無論是顏色和款式，較以前活潑，也較以前簡化。就日常的便服或辦公服而言，以西裝為主，在一般高層社會中，如政府機關、工商界、金融機構、觀光旅館等單位之職員，多著成套深顏色西裝，尤其業務上需常接見賓客，或常參加開會的，更注重西裝的衣料、裁剪和顏色，至一般自由業、學術界、新聞界等人士的穿著，則較輕鬆，並不一定講求成套，但仍注意整齊和美觀。

晚近西裝款式的流行，由窄領而寬領，復由寬領而回歸窄領；扣式的排列有單排和雙排，但不論如何流行，端莊大方的西裝，不外如下：

穿單排扣的西裝，以前在高尚的場合，多穿三件頭，即配背心 (vest) 一件，背心以同色同料較為高雅，但亦有配其他質料如毛背心，或其他顏色者。晚近的發展，單排扣的西裝，已不一定穿背心，這種趨勢越來越普遍。

穿雙排扣的西裝則不必穿背心，此款式的西裝較能顯出成熟和端莊的性格，但要注意的是一旦站起來或走路時，必須把鈕扣扣上，否則不雅。

西裝的顏色以黑色、鐵灰、深藍、深咖啡、淺灰等色較為大眾所接受，在熱帶地區，白色和米黃色的西裝則甚流行。其他紅色、黃色和綠色系統的顏色，除一般運動團體、俱樂部，乃至學校制服等採用外，不為大眾所接受。至花色方面，以素色及直條花色的布料，較為高雅，大花格子的布料，會顯得俗氣，即令直條花色的布料，亦以細條者為宜。

西裝的裁剪，以保守的為高雅，即墊肩不要太高，領子不宜太寬或太窄，上衣不宜束腰，褲管不宜太窄、太寬，或是喇叭褲管，被認定又帥又好看的西裝，早已定型，裁剪要貼身，平時保養得宜，不起摺，不變型。一般而言，穿了四、五年的西裝，一看就能看出是舊西裝，不過如保養得法，則不易識別。

矮小的人，上衣宜短稍寬，因為上衣若長，則顯得腿短。胖子的西裝，宜著深色和長條花的西裝；瘦子的西裝則以素色或小方格花式的衣料為宜。

衣料方面，冬天以毛料、呢、法蘭絨為佳，春夏裝以咖啡丁和混紡衣料較宜。時下國人有崇洋媚外心理，動輒以英國毛料或名牌為時尚，實際上國產衣料已大量銷售全球，並無需以昂貴價格追求外國衣料。

西裝飄逸帥美，貴在裁剪合身，熨燙平整，穿在身上筆挺。如果縐摺不平，或鈕扣脫落，則予人頹廢落魄的印象。

西裝要襯衫、領帶和鞋襪來搭配，襯衫以純白較高潔，領帶要能與西裝的顏色調和。鞋襪則以黑色為宜。

㈡大禮服

大禮服 (full dress or white tie) 或稱燕尾服 (swallow tail or tail coat)，為國家大典，宮廷正式宴會、國宴、觀劇，尤其是歌劇院首場開幕，或坐包廂，內閣之晉見國王，某些國家大使的呈遞國書，歐美國家隆重的冬天晚間婚禮等場合常穿的正式大禮服，由於上衣的後背，下襬長及膝，成燕尾狀，故稱為燕尾服；又由於穿大禮服必須配白色領結，故又稱「白領結」(white tie)。

大禮服的全套服式包括上衣、襯衫、背心、領、領結、褲、袖扣、鞋、襪、手套、外套等。此服式的情形如下：

上衣：用黑色或深藍色毛料，前胸甚短，齊及褲帶處截止，有單排扣或雙排扣兩式，單排扣的在胸前開口處有兩枚黑鈕扣，雙排扣的有四枚，兩旁各列兩枚。襟部 (lapels) 用黑色緞面或黑絲絨鑲綴，上段分領成尖突形，左胸有小口袋，俾插放白手帕。背面後襬成燕尾狀，及膝而止，而在腰際綴有兩枚黑色鈕扣。兩袖末端外側各綴黑色鈕扣兩枚或三枚。

褲子：褲子與上衣同料，褲腳不捲邊，兩腿外側縫邊處各綴黑色緞帶，自腰部至褲腳止。大禮服的褲子和小晚禮服的褲子相似，歐美人士行頭不足的，常以小晚禮服的褲子充數。但大禮服的褲子並非用腰帶繫身，而是用吊帶 (suspender) 吊住，是不可用皮帶的。

襯衫：只能配白色襯衫，硬胸或百葉式，用純白細麻布或凸花棉布縫製，綴白色或珍珠扣子。

領：大禮服的襯衫領，尚須套上白色、硬質，由麻或膠質縫製的單領，領口向上有折角。

領結：為白色橫式領結。

背心：晚間穿著的大禮服，配白色背心，用凸花棉布縫製，日間則著黑色背心。在歐美國家，有許多高級娛樂場所如舞廳，餐廳等的侍者，亦有穿黑色背心配黑色領結者，但這並不是正統的大禮服。

鞋：皮鞋為漆皮紳士鞋。

襪：黑色絲襪，切忌穿有其他顏色的襪子。

手套：為白色絲質或軟皮手套。

帽子：為黑色絲緞製，硬殼高圓桶式禮帽 (top hat or silk hat)。

襟花：大禮服衣襟上可綴以襟花 (boutonniere)，在較保守之場合，多以白色的康乃馨 (carnation) 為搭配；而在一般婚禮、舞會等較為輕鬆的場合，配暗紅色康乃馨或黃色梔子屬花朵 (gardenias) 亦甚普遍。

外衣：上等毛呢黑色大衣，單排扣或雙排扣均可。

袖扣：以白色如白金或白色貝殼製袖扣為宜，間亦有配黃色寶石之袖扣，其他顏色的袖扣則不宜使用。

既為大禮服，自然一襲成「禮」，故必須有板有眼，盛裝以赴。其他的配件如錶鏈，不能露白，如帶圍巾，必須純白色者。如係官式場合，可以佩帶勳章。

(三)早禮服

早禮服 (morning coat) 又稱晨禮服或常禮服 (cutaway)。為日間，即自晨至下午六時前的典禮，如某些國家元首的就職大典、閱兵，外交使節呈遞國書或晉見元首、締約簽字，民間的婚禮、喪禮、音樂會，配合慶典的跑馬，國會的開幕和閉會等，主辦單位或主人為示隆重，多言明著早禮服。早禮服的服式與大禮服近似，情形如下：

上衣：黑色細緻的毛料或呢料裁製，雖然背部亦垂至膝部成燕尾，與大禮服相似，但前胸的型式，則與大禮服不同。大禮服前胸在褲帶處剪齊

成橫切面，早禮服則成圓周形由上往下向兩傍沿後腿傾斜；大禮服上衣可為單排扣或雙排扣，但早禮服僅有單排扣一式；大禮服的衣襟用黑色緞面鑲綴，早禮服則否，僅係原衣料素面。

褲子：為柳條褲 (striped trousers)，即由深灰色帶直條之毛料或呢料裁製，褲腳不捲邊。

背心：為類似普通單排扣西裝之黑色背心，與上衣同料，夏季穿著白色或淡色之背心亦可。

襯衫：和大禮服穿著的襯衫相同，歐洲大陸國家習穿硬胸的襯衫，美國則流行軟式，而穿著普通白色襯衫亦可。

領帶：大禮服配領結，早禮服則配黑白相間交織而成之斜條紋領帶，如係葬禮則配黑色領帶。

鞋：黑色皮鞋，以細紋皮者為佳。

襪：黑色絲襪，或其他高級黑色襪子均可。

手套：淡灰色羊皮 (mocha) 手套，如參加葬禮則用深灰色或黑色鹿皮 (suede) 或小羊皮手套。

袖扣：白金色或金黃色。

襟花：紅色或白色康乃馨，或其他紅色和白色小花，但在葬禮場合，則不宜帶襟花。

勳章：早禮服不宜佩帶勳章，但可佩勳表。

㈣小晚禮服

小晚禮服 (black tie, smoking, dinner jacket, tuxedo) 在英國習稱「晚餐服」(dinner jacket)，為英國社會沿襲已久於晚餐時穿著較正派半正式的禮服。此禮服隨英國移民傳入美國，在十九世紀時，紐約的杜西多湖 (Tuxedo Lake) 鄉村俱樂部，鑒於晚間應酬穿著大禮服，擾人累贅，乃提倡以英國的「晚餐服」替代大禮服，故此服又稱為 tuxedo。此服又名「黑領結」(black tie)，並非意指普通西裝配黑領結或黑領帶的服式，初入社交場合的男士，必須留意。

　　小晚禮服的穿著在歐美國家甚為普遍，舉凡下午四時以後的活動，如宴會、舞會、婚禮、高尚劇院觀劇，頒獎，高級郵輪上進晚餐，外國高級大飯店的晚餐等，如金馬獎和金鐘獎的頒獎典禮，多穿此服。歐美的趨勢，在第一次世界大戰前，晚間穿大禮服的習俗甚為平常，但自第一次世界大戰後，各國多捨繁從簡，多採用小晚禮服替代大禮服，因此歐美國家的男士於成年後，多擁有小晚禮服。小晚禮服為晚間使用的禮服，白天於下午四時前的活動不宜穿著。

　　小晚禮服的服式如下：

　　上衣：上衣的型式和普通西裝的上衣相同，用黑色細呢裁製，單排扣或雙排扣均可，其與普通西裝不同處，在其衣襟係用黑色絲緞鑲面，衣襟有呈半月形，亦有截角如普通西裝者。為求大方，上衣應避免束腰緊身，以適度寬鬆較為大方。時下上衣的顏色趨於活潑，有深藍、絳紫色，乃至墨綠色者，但在正式的場合，以黑色較為端莊高雅。

　　褲子：和大禮服的褲子相同，只是兩腿外側縫邊處鑲綴的緞帶較為窄小。衣料和上衣同色同料。穿著時使用吊帶或束腰帶 (girdle)，但晚近簡化的結果，用皮帶的漸多。

　　襯衫：硬胸式或百葉式的白色襯衫，晚近流行的趨勢，以硬胸式的襯衫穿起來並不舒服，故穿著軟式百葉型襯衫的較為普遍。普通白色襯衫亦可。

　　背心：在較正式的場合，穿白色背心，如上衣為雙排扣者則不必穿背心，但時下流行的趨勢，單排扣的上衣不穿背心的越來越普遍。

　　領結：黑色絲質或緞橫向打結之領結。忌用其他雜色或白色之領結。

　　鞋：短統黑色漆皮鞋為宜。

　　襪：黑色絲襪，不宜穿其他色系的襪子。

　　袖扣：白金色或金黃色，其他鮮艷色彩的袖扣，不要配戴。

　　手套：雖則在第二次世界大戰以前，歐美國家男士在穿小晚禮服時，有戴白色或淡灰色的手套，但目前的習尚，多已不用手套。

　　襟花：與大禮服配戴的襟花相同。

帽子：為黑色或深灰色之圓頂呢帽，或同色可縮扁之大禮帽 (opera hat)。在夏天，氈帽 (belt hat) 或捲邊帽 (homburg)，硬草帽或巴拿馬帽亦可。

(五)白色小晚禮服

白色小晚禮服 (white smoking) 在熱帶地區如中美洲、加勒比海地區，東南亞及北非一帶，逢正式場合之舞會、宴會、酒會及典禮時，常穿白色小晚禮服。其與黑色小晚禮服之不同處，僅係上裝為白色，由白色上等亞麻衣料或其他白色衣料裁製，單排扣或雙排扣均可。褲、襪、鞋、襯衫等均與黑色小晚禮服相同。

(六)軍禮服

軍禮服 (military uniforms) 為軍職人員在正式場合穿著之服裝。軍禮服穿著之場合，依國防部編軍人生活儀節中所列，包括迎送總統；受任命後謁見總統或長官；就職或卸職；隨侍總統蒞臨機關部隊，艦艇或學校；訪問外國軍艦或其他重要文武官員；參加慶典、宴會或晚會等。軍禮服之種類及式樣依軍種之不同而有別，各國所採用者亦不盡相同，一般分軍大禮服、半禮服及小禮服等，全式包括上衣、褲、襟帶、禮帽、手套、鞋、襪、肩章、領章、佩劍、外衣等。

軍禮服上衣的型式及我陸海空軍勳獎章佩帶之位置情形如圖 4-1、4-2、4-3、4-4（取自國防部印頒《中華民國軍人禮節》）。

(七)中式禮服

每年祭孔，主祭官及陪祭官都穿中式禮服，事實上，許多典禮的場合，都可以穿中式禮服，只是中式禮服已逐漸式微，不被年輕一代的國人重視和喜愛罷了。中式禮服即藍袍黑褂，袍本身為藍色絲質長袍，袍長及足踝，衣襟開口直下，外配黑褂，褲子則配黑色西裝褲，穿黑色絲短襪、黑色皮鞋，戴黑色呢帽。故嚴格而言，此種配備之中式禮服乃中西合璧之禮服，可惜目前政府機關乃至民間，均不提倡中式禮服，全盤西化的結果，富有

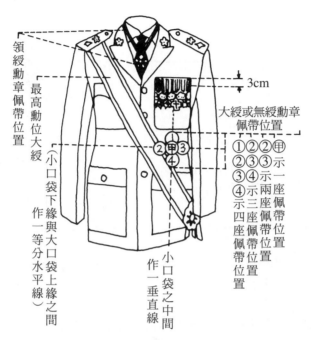

圖 4-1 禮服及軍常服勳獎章佩帶位置圖

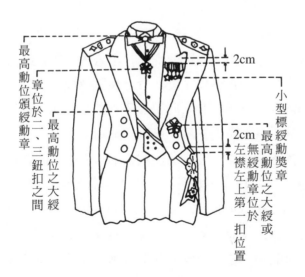

圖 4-2 甲乙式晚禮服勳獎章佩帶位置圖

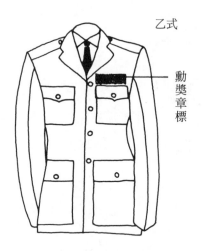

乙式

勳獎章標

丙式

勳獎章標

圖 4-3　乙式禮服軍常（便）服
　　　　佩帶勳獎章標位置圖

圖 4-4　丙式晚禮服佩帶勳
　　　　獎章標位置圖

傳統文化的禮服，似乎只有祭孔典禮時穿著，孔夫子有知，也會睹景傷感吧。

㈧運動服

　　隨著經濟的發展及生活品質的提高，國人的休閒，漸漸走入戶外，和西方國家人民的休閒方式逐步拉近，於是運動遂成了交際往來生活的一部分，運動衣 (sports suit) 的具備，乃成為不可缺的衣著。在西方國家，對運動衣的要求非常嚴格，國人千萬不可以穿上短褲，脫下外衣，穿著汗衫，穿上運動鞋，就認為是運動裝，這在嚴格的俱樂部或比賽場合，是會被驅逐出場的。運動衣的型式，依各種運動的不同而有別，如游泳裝 (swimming suit)、騎馬裝 (riding clothes)、高爾夫裝 (golf clothes)、網球裝 (tennis clothes)、遊艇裝 (yachting clothes)，乃至狩獵裝、射擊裝、滑雪裝等，各種運動的服裝和佩戴都不同，由於篇幅的限制，在此無法詳述，但有機會參與這些運動者，應加留意，向運動服飾店購置。

(九)喪　服

　　嚴格而言，在西洋禮儀中，喪服並未自成一格，變成服式的一種，但因弔唁活動已變成日常生活，乃至社交活動重要的一環，故喪服的穿著，遂形成衣的禮儀的一部分。在我國而言，披麻戴孝為喪服，在西洋禮儀中，制喪的服式情形如下。

　　喪家在左袖上佩戴寬約三英吋半至四英吋半之黑布帶，鞋、襪、手套、領帶一律為黑色，襯衫與手巾應為白色。如著普通西裝，冬季應著黑色、深藍色或深鐵灰色西裝，夏季可著白色西裝或深色西裝。

　　一般較正式的場合，隆重的喪禮多著早禮服，配黑色領帶及黑色手套。如喪家在訃聞上未註明喪禮應著服式，則以著黑色系統的西裝，配黑色領帶、鞋、襪為宜。

(十)領帶和領結

　　領帶 (neck tie) 及領結 (bow tie)，在男士普遍著深色衣服情形下，成為男士們表現自己的愛好、風格和個性最突出的部分。合適、美觀又大方的領帶，配上變化鮮少的西裝，猶如畫龍點睛一樣，會使男士們變成瀟灑，顯出帥氣。男士們深知其中的奧秘，因此對領帶常寄以注意，也在領帶上力求變化。

　　領帶的選配，首先必須講究和西裝款式和顏色的調和。寬領的西裝，應配稍寬大的領帶，窄領的西裝，則配稍窄的領帶；領帶的顏色，不必與西裝一致。較古典的場合，即較正式的場合，領帶不宜過於鮮艷，晚間以淺色為宜。一般常配戴的領帶以斜條花，即粗線條或細線條花紋系統；深色底綴疏或密密小點或小花，或深色底綴花式圖案；或大部分素色，局部條紋等領帶為多，其他有公司機關標記或學校校徽的領帶，適合於該公司機關，或該學校師生配戴，一般高級社交場合，並不適合此種類似做廣告的領帶。至於黑色領帶，作為現代的男士必須具備，因為在弔唁、慰問喪家或喪禮的場合，必須配黑色領帶。

　　領結的顏色亦必須與衣著配合，務求調和。在國內領結的使用較不普遍，年輕的一代使用者更少。一般的領結多有夾子，使用時夾子夾在襯衫領子上即可。

㈣鞋　襪

　　目前國內隨著製鞋工業的發達和外國製皮鞋的大量進口，男士用皮鞋，無論式或樣均相當多樣化。但以符合國際禮儀的標準而言，在穿禮服的場合，均穿黑色皮鞋，而大禮服及小晚禮服應配黑色漆皮鞋 (patent leather pumps)，在許多場合，此種正式的宴會會有舞會，因此鞋跟不宜太高，低跟才能適合跳舞。古典的服式，黑色皮鞋以結鞋帶者為宜，但結鞋帶的鞋，足尖部不宜太尖，或鈍形狀的大頭鞋，亦不宜縫接有足尖蓋間隔。總言之，應以國人所熟知的紳士皮鞋為準。

　　在穿灰色或咖啡色西裝時，配棕色皮鞋亦顯調和，並為一般男士所喜愛。但穿深灰色、深藍色及黑色西裝時，配棕色皮鞋則不甚調和，以黑色皮鞋為佳。在夏季穿白色或米黃色西裝時，配白色皮鞋者亦甚普遍，但如配黑色皮鞋亦符合禮節。至黑白相間的皮鞋，除熱帶地區人士喜用外，不能登大雅之堂。

　　一般而言，鞋尖太尖、太寬，鞋跟太高，橡膠底，鞋面綴花、刺花，鞋口太大而低的皮鞋，都不適合紳士穿著，鞋子亦如西裝，保守型的較為高貴。

　　在襪子的穿著方面，可以說近代的世界，是由穿黑襪子的人在領導。細察各國高層人士，無論政界或工商界，平時均西裝革履，穿著整齊，自然都是穿黑色襪子。在正式的場合，無論是大禮服，早禮服或小晚禮服，均必須穿黑色的襪子，即令一般政府機關人員，或一般服務業從業人員，在穿西裝時，亦以配穿黑色的襪子為佳。白色的襪子可以搭配白色或米黃色西裝。而在各種運動的場合，多配穿白色的襪子。

　　在市面上，襪子的顏色和花紋相當多樣化，一般青少年多以它的美觀而配穿，但要符合禮儀，則要講求顏色的和諧和禮俗的要求。須知禮服的

穿著和搭配，由不得你去標新立異，因為它早已約定成俗，而被大眾認為是應該如是了。

㈡帽　子

臺灣位處亞熱帶，不論冬天或夏天，男士戴帽子的風氣並不普遍，但在西洋的社會，穿著整齊始終要配戴帽子。冬天以呢帽或氈帽為主，夏天則戴草帽或巴拿馬帽（Panama hat，即用嫩的棕櫚葉編織的帽子）。穿大禮服或早禮服時，配戴黑色圓桶絲質高帽；小晚禮服冬天配圓頂黑色呢帽或有捲邊的呢帽 (homburg)，夏天可戴硬草帽或巴拿馬帽；至一般穿深色便服的場合，冬天以深灰色或黑色圓頂呢帽為宜，夏天可戴硬草帽或巴拿馬帽。

㈢手　套

在國內，男士當新郎官時，均戴白色手套，除此場合外，都沒有戴手套的習尚，但在歐美國家，男士戴手套的場合甚為普遍。穿大禮服時配白色絲質或軟皮手套；早禮服配淡色小羊皮或麂皮手套，普通場合以灰色麂皮或小羊皮或白色精織棉手套為宜。毛織手套則不宜戴。遇有舞會，尤其是夏天的舞會，女士多盛裝露背，而男士的手掌難免汗濕，當輕摟漫舞時，男士潮濕的手掌，自然會令人倒胃口，因此配戴手套至為必需，也是符合禮貌的穿著。

二、女士的服飾

愛美是女人的天性，何況女人又要為悅己者容。自古以來，女人的衣服爭奇鬥艷，花花綠綠，給人類的社會帶來了美麗的點綴，尤其晚近因紡織工業的發達，經濟蓬勃的發展，刺激了服裝設計師的創造力，因此流行常能席捲世界各地，也帶來服裝型式和風格上的改變。每年分春夏、秋冬兩季在法國巴黎、義大利米蘭、英國倫敦、美國紐約及日本東京的時裝設計師發表會，都吸引了世界各地的名媛仕女，服裝銷售業者及大眾傳播媒

體，透過大眾傳播媒體的傳播，專業廠商便據以生產，再經銷售，於是服裝便產生了流行的時尚。在國際禮儀的範疇，不在捕捉時尚，可以說不受時空的限制，因為前人已定下了因時、因地、因事合適、大方又高雅的服飾，符合了服裝設計師一向強調的 TPO（time, place, occasion，即時間、地點、場合）三原則。

服裝集合了布料、花色、剪裁、縫製為一體，穿在身上，不僅代表了自己生活的方式，品味和人格，在國際性的場合，更能代表自己的文化。因此對女士的衣服來說，不在該件衣服是多漂亮，主要的要看該件衣服是否適合自己的身材、臉型、年齡、膚色、身分及穿著的場合。一般的辦公室，不論是那一個國家，都排拒女士們穿得花花綠綠，破壞了工作的品質，所以要求穿制服。而所謂傳統的衣服並非皆庸俗，事實上會穿衣服的人，能將傳統的衣服穿來時髦，將自己打扮得高貴，一樣可展現魅力。

(一)職業婦女的便服

職業婦女上班穿著的衣服，首求端莊和樸素，但又要能顯現高雅、大方和美麗。一般而言，在辦公室上班的婦女，忌穿長褲，以較傳統的服裝為宜。最為普遍的，為西裝式上衣搭配同衣料的裙子，或搭配不同衣料的裙子，再配輕衫和飾品，遇冬天，輕衫可以套頭毛衣替代。同時可配束腰的大衣或雨衣。其次為洋裝，上下連件，有領或無領，以束腰的較為大方，外可配外套或毛衣。再次為中式短旗袍或短的改良式旗袍，亦可配同料的外套。上述之型式的衣服，可作為職業婦女較為合適又大方的便服。其款式如何，變化多端，如西裝式的上衣搭配裙子，可配成短外套配窄裙，短外套配長裙；長外套配短裙，長外套配長裙等；而西裝式上衣又可為單排扣或雙排扣，可束腰，可綁帶，因此，如果善用心思，這種保守的服裝亦可變成高雅又大方的工作服，而展現女士們成熟、歷練、負責，又婀娜多姿的魅力，可博取男同事們的信任和好感。

女士的服裝需要顏色調和，樣式又大方的皮帶、鞋子、皮包、帽子及飾品等來搭配，這些配件選配得好，不但會帶給服裝的生動，而且可以使

女性的打扮顯得十全十美，至於要如何選配得好，需要有高雅的審美觀，否則再好的服裝，也不會給人美麗的感覺。

(二)晚禮服

當男士穿大禮服或小晚禮服時，女士則穿晚禮服 (evening gown) 或稱晚宴服 (dinner gown or dinner dress)，或全禮服 (full dress)。此種西洋禮服常露背、低胸、無袖、束腰、直長裙拖地，或寬裾及地，穿在身上，婀娜多姿，走起路來，搖曳嬌美，世界小姐及環球小姐選美，規定均有穿晚禮服出場亮相，無不爭奇鬥艷，美麗絕倫，目前國內風尚，女士們尚多不敢低胸露背，故不普遍。但西洋的社會中，此種晚禮服幾乎人人自備。

我國婦女的身材不若西洋仕女般的修長，胸部亦不如西洋仕女的豐滿，故穿西洋晚禮服並不一定出色，不如發揚國粹，選穿中式長旗袍。

長旗袍宜長及足踝，袖長及肘，兩腿開叉不宜過高，衣料以綢緞，織錦或繡花者為出色，綴亮片者亦能吸引人。長旗袍的穿著可配短外套或披肩，但忌配毛衣。晚近改良式的長旗袍亦漸流行，因捨棄高領，衣服也較寬鬆，較為舒適，同時不失美感。

長旗袍最忌開叉過高，一旦坐下，暴露腿部，襪子甚至吊襪帶顯現，至為不雅。同時穿長旗袍應著襯裙，穿長襪，就坐時應將下襬兩邊拉開遮住開叉的部位。

隨著服式的簡化，在不是很正式的場合，短的晚禮服近漸被採用。下裙截短的程度在膝下三公分左右，採用優雅的衣料縫製。上衣可為低胸露背裝或絲質寬大的高衫，裙子不必太鮮艷。配合短的禮服，我國的短旗袍為非常適合的服飾。尤其有機會參加社交活動或將旅居外國的婦女，無論如何，應選製長短旗袍備用。

(三)休閒服與運動服

女士們的休閒服五花八門，服式甚多，上街、訪友、郊遊和旅行，都屬休閒之列，可選擇輕鬆、方便又大方的服裝，最普遍的莫過於長褲配輕

衫、罩衫，或加外套；一件頭的洋裝、套裝、連衣裙、迷你裙、短褲裝等，其穿著也要適合 TPO 的原則。至運動衣雖與男士運動衣有別，但穿著的場合與男士同，仍是必須具備。

㈣帽　子

國內以戴帽出名的以歌星鳳飛飛為首，做到人不離帽，帽不離鳳的地步。在西洋的社會，北歐地區，帽子仍為仕女們出入教堂，參加日間之午宴、茶會、典禮等場合，必須配戴的服飾。在西歐包括英國在內，則較鬆懈，較為保守的婦女，仍沿襲老套戴帽，英國的伊麗莎白女王即是，但較為開放年輕一代的婦女，則較少戴帽，英國的戴安娜王妃即是例子。一般而言，歐美國家的婦女戴帽的風氣仍甚普遍，晚近在巴黎、倫敦、米蘭、紐約和東京所發表的時裝會中，婦女時裝配戴帽者，仍頻頻出現。婦女的帽子，多為呢帽、針織圓頂帽、布質寬邊帽及草帽等；在休閒、參加應酬及上教堂的場合使用，但在我國的社會，一般婦女鮮少戴帽。

㈤手　套

國內婦女戴手套的場合，恐怕只有當新娘時，在歐美國家，婦女帶手套是經常性的裝扮，上教堂、戲院、餐廳、參加午宴或晚宴，乃至上街、訪友、舞會等，均習戴手套。白天戴的手套為短手套，長及腕，顏色可多樣化，晚間則戴長手套，長可及臂，以白色為主，黑色亦可。戴手套時，不宜將戒指戴在手套外面，在戶外與親友相遇握手，可不必脫手套，但在室內握手，禮貌上應脫去右手套。進食、玩牌、化妝、喝飲料時，應先脫下手套。國內新娘的配戴長白手套，例將結婚戒指戴在手套外面，此與國際禮儀範疇不合，但結婚喜日良辰，顯耀婚戒、金飾、嫁妝，已變成本地習俗之一，大家已習以為常了。

㈥皮　包

皮包對於婦女而言，具百寶包的功能。由於婦女的服裝講求線條美，

無論上衣或裙子，均缺乏口袋，與男士的西裝上衣和褲子上下起碼具有八個口袋，可藏錢、文件、手帕、記事簿、梳子等，可落得雙手輕鬆的情形不同。因此婦女們就必須攜帶皮包。或錢包式的，或肩式的，或手提袋式的，依場合的不同而有別。皮包不僅可藏放鑰匙、化妝品、錢、手帕、文件等，並且已形成女性服飾的一部分，必須與服裝搭配顏色。一般而言，白天使用的，無論是上班或休閒，可以稍大，顏色和型式可以不拘，顏色也可以不受限制，但在晚間，尤其是參加酬酢或正式的場合，皮包不宜太大，顏色務必與服裝鞋襪相配稱，且以亮麗型的較常使用，一般素色的皮包使用的較少。這種亮麗型的皮包乃由金銀線編織，或由人造珠串綴成，因係亮麗耀目，故僅在晚間適用，不宜在白天配帶。

(七)皮　鞋

　　菲律賓前總統馬可仕被罷黜，其妻伊美黛隨夫流亡，在其官邸中，竟發現伊美黛購置了數千雙皮鞋，舉世歎為觀止。由於女士們的皮鞋必須與服裝搭配顏色，其設計也較男士的鞋多變化，故較為複雜。一般婦女均多購置有高跟鞋、半高跟鞋、平底鞋、涼鞋、長統靴等，如要有粗跟細跟的變化和顏色的搭配，如是女士們要擁有許多雙皮鞋就不足為奇了。

　　女士的皮鞋如同皮包一樣，白天不宜穿亮麗如鑲有金銀色亮片的皮鞋，以素色顏色較深者為宜，但如搭配服裝，白色皮鞋亦被普遍穿用。至於參加晚間的酬酢活動，如參加舞會、宴會、觀劇、晚會等，發亮或金銀色的皮鞋常被穿用，黑色皮鞋或與衣料同色的皮鞋亦可。至於是高跟或低跟，隨各人之偏好，但是忌穿涼鞋或平底鞋。

(八)首　飾

　　一般在正式的場合，女士佩帶的首飾較為簡單，事實上不宜多帶，基本的耳環、項鍊、手鐲、戒指、胸針等，宜配合衣服的顏色，或與皮包和鞋子的顏色相搭配。至貴重的首飾，並非不能佩帶，只是露白後，容易引起偷賊或扒手的覬覦。

㈨圍巾、頭巾和披肩

　　一般上班族的婦女，為搭配衣服，在冬天佩帶圍巾不但可以保暖，並且增加美感。圍巾以絲質、羊毛或線紗質者為主，使用時，其顏色要與服裝搭配。至一般外出，尤其秋冬之際，使用頭巾亦常為婦女們樂用。頭巾以絲質、開什米羊毛、線紗或針織者較為普及。而在正式或稍為正式的場合如參加晚間的宴會、酒會、舞會、觀劇等活動，佩帶披肩亦甚普遍。披肩以皮毛如貂皮、海獺皮、狐皮，或精織毛料等較為常用。如配長旗袍，以同料縫製的披肩亦頗大方高雅，且較經濟。

第三節　儀容和儀態

一、儀容的重要

　　店面開張，都要先裝潢，整修門面，人要出門辦事，也要注意自己的儀容。尤其不要忘記「三分人才，七分打扮」的道理。所謂打扮，並非僅指穿衣，還包括了儀態和容貌。一個人即使穿著整齊，那怕是名貴禮服，如果他頭髮凌亂，或鬍鬚未刮，或指甲未修，或鼻毛突出，或汗味濃厚，或態度粗獷，精神頹喪、彎腰駝背、斜視看人、精神散漫等，只要有一點缺失，會讓人譏評為不夠水準、土包子，或俗不可耐。所以美麗的服飾，需要大方又高雅的儀容來搭配。

　　並不是每個人都是俊男美女，但只要自己儀容端莊，穿著整齊，談吐有涵養，舉止得宜，自然會散發一個人的魅力，而讓人敬重和欣賞。儀容要注意的部分如下：

(一)頭　髮

　　當我們看一個人的背影，還分不出他是誰，也不曉得他是俊男或美女的時候，會吸引你的莫過於他的頭髮，身材和衣著，即令正面相視，一個人的頭髮是否整潔美觀，也會影響到一個人的形象。頭髮必須勤於洗，也要勤於修剪。頭髮不常洗，必生頭皮屑，倘脫落依附在衣領或衣肩，不但邋遢，且讓人生畏。髮久未洗，亦將產生臭味，近身聞及，會讓人卻步。頭髮長，如係男士，雖有名士派相，但會予人萎靡不振的感覺。如係婦女，除未成年之小姐外，一般長髮的婦女，不易梳洗，並且也不好打扮。要給人一種清新煥發的感覺，不論是男士或婦女，不要追求太新奇或太醒目的髮型。男士的髮型，不要吹得太高，髮油不要太油膩，味道要可人，婦女參加應酬，宜先洗頭，選擇高雅適合自己的髮式，梳好頭髮再盛裝赴會。禿頭的男士或喜愛變化的婦女，亦有戴假髮者。假髮的選擇，也要適合自己的裝扮，不要標新立異，嚴格而言，頭髮的整齊、清潔，髮型選配得宜就是美觀。

(二)臉　容

　　同一張臉，可以變成面目可親，也可以變成面目可憎。對一般人而言，要求俊俏臉蛋或花容月貌，常不可得，但只要注意修飾，注意展現自己的魅力，也可以被人喜歡。對男士而言，常洗臉，每天清晨起床後，剃光鬍鬚，注意自己的鼻毛不要突出，牙齒常洗刷乾淨，防治口臭，遇有應酬，稍用男性化妝水，為每日必須注意的修飾。對婦女而言，化妝不要太濃艷，也要勤於刷牙、懂得選配香水等，至為重要。這些僅是指修飾而言，最主要的，是要這些修飾後的臉容，能發散魅力，那就是笑容，經常面帶慈祥和笑意，在某些場合，如公事會談、參加會議，又能莊重嚴肅，笑與不笑之間要如何拿捏，有待一個人的修養和用心。一個人的臉部最傳神的是一對眼睛，眼睛貴在傳神，要如何才能傳神，就是在說話時要用眼睛看著對方，只要專注，就會傳神。同時要避免擠眉弄眼，或看人斜視，這些都是

不正經的舉止。此外對眼鏡的配戴也要留意。何種眼鏡較適合自己的臉型，不妨多照鏡子加以選擇。

㈢指　甲

要瞭解一位男士是否懶惰或是否喜歡乾淨，看他伸出手指時便可見真章。指甲若不常修，則縫內藏垢納污，黑黑的鑲在指甲內，至為不雅，因此男士們必須勤於修指甲。至婦女的指甲，即留長指甲，亦須常加修飾，指甲油的塗擦宜均勻，顏色的選配宜與自己的服飾或佩件配合，並非艷麗就是美觀。

二、日常儀態

我們欣賞一個人的儀態，常讚美儀表堂堂，彬彬有禮，或儀態萬千或笑容可掬。何以致之，乃由一個人儀態的展現的結果。儀態是指動的一面。民國二十三年五月十五日所訂「新生活須知」中，對儀態曾扼要規定如下：

行是走動，行亦作為；舉止穩重，步武整齊。乘車搭船，上落莫擠；先讓婦孺，老弱扶持。走路靠邊，胸部挺起，兩目平看，端其聽視。拾物還主，相識見禮；遇喪知哀，觀火勿喜。噴嚏對人，吐痰在地，任意便溺，皆所禁忌。公共場所，遵守紀律；就位退席，魚貫出入。莫作吵鬧，莫先搶說；約會守時，做事踏實；應酬戒繁，嫖賭絕跡。

㈠身體的儀態

一個人的舉止是否大方高雅，會直接給人留下不可抹滅的印象。翩翩君子，立於人潮，行走於街，或坐於廟堂，或出入公共場所，必須站有站相，坐有坐相。這些應注意的肢體儀態，茲列述如後。

1.徒步：徒步時，必須擡頭、挺胸、閉口，兩眼向前平視，表現出活力充沛、朝氣蓬勃及有勇往邁進的精神，同時切忌兩手合抱於胸前，或交叉置於背後，或兩手插於褲袋，或在冬天插於衣袖內。此外在行進中，不

宜吸煙，不吃零食，不與同伴攀肩搭背，不哼歌，也不可吹口哨。

2.站立：站立時，不彎腰、駝背或垂頭。雙手宜自然放下，同時要精神抖擻，不要有萎靡不振或頹喪可憐的形象。對婦女而言，所謂亭亭玉立，可以想像一定是給人一種清新美麗、活潑可愛的感覺，絕不是像畏縮在冷風中，或一副哭喪著臉的模樣。

3.就坐：就坐時，姿勢應端正，態度安祥。除非是很輕鬆的場合。宜少蹺腿，切忌以手敲打桌椅，不要搖膝、抖腿，更不要斜坐或斜躺。

4.與人交談：應精神集中，兩眼注視對方，聆聽人家的談話，同時表情要放鬆，多展現笑容。談話時，聲不高亢，手勿指指點點。同時切忌抓頭、摸鼻子、挖耳朵、抓背、摳頭皮、挖鼻孔、挑牙齒、擠眉、弄眼、叉腰、抓腳、整衣等令人噁心的動作。更不可當面打噴嚏、打嗝、咳嗽、呵欠，萬一忍耐不住，應急抽出手帕矇住嘴，側身為之，並道聲對不起。此外不可當著人家面前放屁或吐痰。

5.笑：時現笑容，可獲得人家的好印象，但對於笑，卻應有分寸。見喜而笑或聞喜而笑，自可笑顏逐開，遇好聽的笑話或滑稽的事，常令人開懷大笑，或會心的一笑，或大笑而特笑，這些都是自然的流露。但是笑也要因時、因地、因事制宜。在正式的場合如會議中、宴會、典禮，雖有滑稽可笑之事，只能會心的一笑，切忌笑聲衝樑，引起人家的駭異。如遇人家遭遇不幸，其狀雖可笑，但應有惻隱之心，切忌發笑。對自己痛惡之人，獰笑或奸笑也不必展露。自鳴得意而形於外，於己無益，於事無補。

(二)其他的儀態

1.在任何公共場所，應保持自己的端莊，不要做出引人側目的舉動。

2.在公共場所，不要當眾梳頭、整衣或整鞋。

3.有少數喜歡扭曲關節作聲自娛者，在公共場所應避免。

4.遵守公共秩序及規則，不該吸煙的場合不吸煙、該肅靜的場合要肅靜、不得觸摸的東西不要碰等。

摘　要

　　衣不僅蔽體，穿在身上，代表著一個人的身分、教養、教育程度，也代表著一個國家的文化。人與人的交往，在未進入深交前，初步印象的好壞，決定在外表的因素很大，因此，在國際禮儀中，衣的禮儀為一重要項目。

　　本章介紹的分：穿衣的基本原則、服飾的種類和儀容與儀態三節。第一節有關穿衣的基本原則為普遍被人接受和重視的原則。第二節服飾的種類，以男女服飾分類介紹，不僅介紹了服裝，也簡要介紹了領帶、帽子、鞋襪、手套、圍巾、首飾等。第三節有關儀容和儀態方面，分儀容的重要和日常儀態二項介紹。一般而言，衣的禮儀要介紹的範圍很廣，本章因篇幅限制，未能作更詳細的介紹。

第五章

住的禮儀

第一節　家居的禮儀

家乃整個家庭生活的中心，居家舒適，寧靜溫馨，不但有益家裏每位成員的身心健康，且有助於整個家庭的融洽美滿。過去農業社會時代，一般都維持大家庭制，長幼有序，家中有長者的規戒和指導，故任何人自幼即可接受庭訓，人格的養成，大部分可源自家庭。中華民族自古以來，相當重視家居的禮儀，認為治國平天下之道，必須先做好修身齊家。觀之《禮記》內則篇中，對家庭禮節的廣泛規定，即可見一般。

一、環境衛生的注意

在文明社會裏，家雖是個人生活的天地，但與他人比鄰而居，因此對環境衛生的要求，社會已給予不成文的規範。形成公共道德的一部分，一般情形如下：

1. 住宅應保持整潔，空氣流通，光線充足。
2. 傢俱和擺飾應加美化，保持清潔、整齊和美觀。隨著國民所得的增加，也應該提高生活的品質。
3. 如係花園洋房，臨街草坪應常修剪，俾維持整個環境的美化。
4. 晾曬衣服，不能當街曝露，高掛公寓涼臺，臨風招展，有礙觀瞻，應在後院、屋內，或公寓涼臺不超過外牆高度晾曬。
5. 不得任意棄置垃圾。垃圾應用垃圾袋裝好，置於垃圾收集桶或依規定時間投置街邊的垃圾收集場。
6. 溝渠務使通暢，庭院屋角乃至盆罐積水務必清除，杜絕蚊蚋，以維護環境衛生的淨化。
7. 庭院花木應常修飾，力求美化。

二、家居的規矩

《禮記》中所載家居的規矩，甚為完備。對家務的整理，如：

凡內外，雞初鳴，咸盥漱、斂枕簟、灑掃室堂及庭，布席，各從其事。

孺子蚤寢晏起，唯所欲，食無時。

大意是說：家中不論尊卑長幼，每人雞初鳴即起，梳洗整理完畢，即整理床鋪，然後打掃房間、庭堂和花園，安排桌面席位，各人各司其事。只有小孩可早睡晚起，得隨心所欲，得食不定時。

對於子、婦服侍父母舅姑，舅姑對待子、婦，乃至夫婦之禮亦有詳細的規範。雖然《禮記》所載為紀元前後古社會的規範，但有許多仍可適合當今的社會。

家居的規矩，列述如後：

1.遵守尊卑長幼有序的規矩，不逾越。

2.養成勤勞的習慣，每個人都能注意並從事維護家裏的整潔。

3.起居作息宜定時。早睡早起對健康有益。

4.開門關門、上下樓梯、搬移家具等，務須輕聲。以目前公寓住宅的密集，應多留意。

5.不高聲喧鬧或唱歌；收音機、電唱機、琴聲等，務必調低，使不致吵擾鄰居。

6.不偷窺鄰居，不隔牆觀望，不竊聽鄰居的對話。

7.養成隨時關燈熄火及關水龍頭的習慣，尤其就寢時應熄燈。

8.家居乃個人隱私所在，養成內言不出、外言不入的習慣，無論是家善或家醜，均不宜外傳。

9.有事出門，應報知尊長或家人。如有滯歸情形，應及時通知家人，免家人擔憂。

10.家人間，亦應持之以禮，夫妻相敬如賓，兄弟姊妹間亦然。早晨見

面，宜道聲早或問安，出門應道聲再見，遇有請託，勿忘說請，遇有疏失，應說對不起等。

三、鄰居相處之道

遠親不如近鄰，古有明言。以目前房舍櫛比，城裏的公寓如是密集，倘老死不相往來，只有造成自己之孤獨，萬一有災變，如火祝之肆虐，動輒波及鄰屋，樓上水管破裂，又有殃及樓下之虞，如何敦親睦鄰，實在非常重要。

1.應熟悉鄰居，並常來往，互相關心，互相協助，即守望相助。

2.與鄰人相處應本於誠，並應本善意。切忌巧言令色或蜚短流長。

3.對公共設施，應共同維護，對公共安寧，亦應協力維持。人人關心環境的品質，防止宵小，杜絕色情，也要防止任何的污染。

4.遇鄰居制喪，應保持肅穆，不喧鬧，不作樂。

5.造訪鄰居，宜先通知約定，切忌登堂入室。造訪時，應先揚聲，不可悄悄開門進入。

6.離開家門，請先整衣，居公寓樓房，切忌穿睡衣、穿拖鞋步出家門。

7.遇重要或涉及生活起居事，應互相通報，有急難，相扶持協助。

第二節　作客寄寓的禮儀

出外訪友探親，偶下榻親友處，人人都會有這種機會。而旅居他鄉，寄寓人家，亦有許多人過此種生活。由於作客或寄寓，都要與主人之家庭共處，為博取人家的喜歡和尊敬，則必須自律，尊重下列禮節：

1.必須注意家居的基本法則，長幼有序，男女有別。

2.必須自行整理床鋪，維持臥房的清潔，並協助家事，如掃地、洗盤碗、佈置飯桌、清潔庭院等。

3.衣著必須莊重整齊。出臥房即不得穿睡衣。

4.倘作客，起居時間必須與主人一致。

5.對一般物品器具，未得主人之同意，不得擅自動用。未經主人同意，不得擅自打長途電話。

6.除客廳、廚房及自己之臥室外，進入他人之房間，必須先敲門或揚聲，不可擅自闖入。

7.不可好奇偷窺、竊聽或張望。非關自己之事，避免參與談話。

8.維持寧靜，不喧嘩，收聽廣播及看電視，音量務小。

9.使用浴室、廁所及廚房，事後必須立即維持清潔。

10.離開時，必須將臥房及廁所等打掃乾淨，恢復原狀，如有鑰匙，勿忘交還主人。

11.如係寄寓，遷離時，應付的費用，必須結清。

12.有事出門，或夜晚遲歸，或將遠行，均應先通知主人。

第三節　旅遊投宿的禮儀

年來國人的大量出國旅遊，所到之處，由於缺乏基本的認識，隨心所欲，在下榻的旅館，多不遵守旅館的規定，在客廳聚集時，大聲交談，在各樓間串門子頻繁，在走道上三五成群，大談採購，因此引起新加坡旅館界的批評，若干五星級的旅館並已表示，今後不擬接待我國旅行團，誠是國人之恥，對旅遊方面的知識，實有賴加強。

旅館有大有小，有觀光級的，也有普通級的。以經營性質，可分為商業性旅館 (commercial hotel)，大部分旅館即屬此類。此類旅館以設備齊全，故一般工商業人士下榻的多。其次為渡假性旅館 (resort hotel)，多位於山區溫泉或海濱，以吸引渡假的遊客為主。再次為長住性旅館 (residential hotel)，多為公寓性建築，猶如住宅，適合家庭，亦適單身漢投宿，作較長時間之居住。還有為其他類型的旅館，包括公路汽車旅館 (motel)，多在公路沿線，

駕車者投宿方便，現此類旅館設備日見完善，供應住宿、餐飲、電話、洗衣，乃至小型會議室等；機場（過境）旅館 (airport hotel) 多在大型國際機場附近，其設備與商業性旅館類似，適合於候機及不想入城的旅客下榻，而公寓 (apartment) 式者，與住家無異，按月收租，適合長住。

　　一般大型的旅館，頗重視其形象和風格，不惜投下鉅資，佈置得美輪美奐，期下榻的旅客能賓至如歸。因此對旅客的要求也高。投宿此種旅館，應注意的事項如下：

　　1.應事先透過旅行社訂妥房間，以免向隅。

　　2.到達旅館時，先到櫃檯辦理住宿手續 (check in)，填妥旅客登記卡，選妥房間，即可領取鎖匙進入房間。

　　3.下榻旅館應遵守規定。這些規定包括：

　　⑴不得在房間內煮炊，如煮開水、炊飯。

　　⑵不可順手牽羊，拿走煙灰缸、衣架、拖鞋、浴巾等。

　　⑶不得在床上吸煙，以免吞雲吐霧之餘入睡，引起火災。

　　⑷不得將採購之空袋空盒隨意棄置於地。

　　⑸不得在房間內熨衣，以免引起火災。

　　4.貴重物品及文件，宜另訂保險箱置放，不宜置放房間內。

　　5.有否同房人員，登記時務必言明，不可省錢夾帶。

　　6.無論在客廳、走道及房間，務必保持寧靜，不宜大聲聊天或吵鬧。

　　7.房間之音響及電視機的音量要小，不可吵及鄰房。

　　8.電梯內不可以吸煙。

　　9.切忌站在走廊上聊天，三五成群尤應避免。

　　10.不得在旅館內聚賭或嫖妓。

　　11.不得穿睡衣、睡袍或拖鞋在走廊走動。

　　12.勿忘僕役之服務包括提行李、取開水等，均需給小費。

　　13.進入房間安置妥行李後，應即熟悉旅館之佈置及太平門之方向。

　　14.如需早起，可請總機於指定時間催駕起床 (morning call)。

　　15.旅館均於中午十二時為計日之換算點，如需逗留少許，應先與櫃檯

講明。

16.退房時，結帳後應將鑰匙交還給櫃檯或出納 (cashier)。

17.切忌在外購置中餐餐點返旅館房間進食，尤其使用醬油配料佐餐，容易污染地氈。

18.如自行洗衣服，以晾在浴室為宜，夜間得在冷氣出口附近。

19.在旅館中之餐廳用餐，宜衣著整齊。

20.如旅館給予特別禮遇，如給特別折扣、經理曾送花或水果至房間，勿忘言謝。

21.旅館中可安排在房間用餐 (room service)，但勿忘給服務生小費。

22.客人來訪，除至親好友外，以旅館的餐廳、大廳、咖啡廳或酒吧接待為宜。

23.在旅館寄信、叫車、參加觀光 (tour)，可找大廳的領班 (lobby captain) 安排。

24.旅館乃一公共場所，在走道上，或大廳，或餐廳碰到其他房客，點頭微笑即可，不必唐突搭訕問候。

摘　要

　　在工業社會，個人或因負笈他鄉，或因工作，或因旅遊，大部分人難免作客友人家，或投宿旅館。一般人常認為居家可隨便，其實這觀念是錯誤的。一個人人格的養成，啟蒙自家庭，所以本章第一節，探討家居的禮儀，包括環境衛生應注意事項、家居的規矩和與鄰居相處之道。第二節作客寄寓的禮儀，介紹了應注意的各點。而第三節旅遊投宿的禮儀，乃我國人普遍欠缺的。投宿旅館，應卻除大爺花錢，我要怎樣就怎樣的心態，注意作為文明人應注意的禮節，以提昇生活品質及建立良好的國際形象。

第六章

行的禮儀

　　行止之間，長幼有序，賓主有分，無論乘坐汽車、火車、飛機、輪船或徒步，各有禮節。這些禮節，不但兼顧了禮儀部分，而且也顧及安全和秩序，茲分述如後。

第一節　徒步的禮儀

一、走路時的基本儀態

1. 應擡頭、挺胸、精神飽滿，忌手插入褲袋行走。
2. 雙目應正視前方，不宜左顧右盼。
3. 路途擁擠，應禮讓婦孺老弱。
4. 走路時不可邊吃東西。
5. 切忌隨地丟垃圾或吐痰。
6. 途中撞及別人，應說「對不起」。
7. 遵守紅綠燈及斑馬線行走之規則。
8. 如欲超越前面行者，應側邊繞過，不可強闖。
9. 遇老弱孩童迷路，應予協助護送回家。
10. 遇有車禍或病發路中者，應予協助報警或送醫。
11. 遇見長官長者，應敬禮及禮讓。

二、走路時的禮節

1. 以前為尊，後為卑，右邊大，左邊小為原則。
2. 三人行，如全為男士，則以中間位為尊，右邊次之，左邊為末。如係一男二女行，則男士應走最左靠行車道位置。
3. 多人行，以最前面為大，依前後秩序，越後越小。

4.接近門口，男士應超前服務，開門後，讓女士先行，男士跟後。

5.經過危險區域或黑暗地帶，及上下樓梯時，男士應給婦女或老人臂助。

6.男女二人行，以男左女右為原則。

7.二男一女同行時，女士居中。

8.正式宴會或進入歌劇院，男士先行，卑便驗票及覓座位。

9.男士應幫助女士提貴重之物，不必替女士拿皮包或撐陽傘，但下雨共撐兩傘，則係合乎禮節。

10.男士與婦女同行，不宜先示意挽手。

第二節　乘交通工具的禮儀

一、乘車一般應注意事項

1.街道有人行道和快車道之分，交叉路口有紅綠燈和斑馬線的設置，無論行人或駕車，應遵守交通規則。

2.駕車者應尊重公共安寧，少按喇叭，尤其路經醫院學校，應不按喇叭。

3.切忌與司機交談，妨礙駕駛。

4.男士應禮讓女士，上車時先開門讓女士先上車，下車時，先下車開門，協助女士下車。對長輩的禮讓，亦如此。

5.遇有眾多旅客，應排隊，魚貫而上，不可搶位。

6.不可在座位上斜躺或橫臥，妨礙他人。

7.在冷氣車上不得吸煙，如非冷氣車，而欲吸煙時，應向鄰座作禮貌性的請求。

8.在車上務求肅靜，不可縱聲大笑，或高談闊論，尤忌談公務。

9.行李應放行李倉，切忌塞進坐位上下，妨礙鄰座。

二、乘車的秩序

國人常有錯誤的待客之道，遇坐計程車，始終在車門開後，力請長輩或客人先上車，坐上次位，而自己後上車，坐上尊位，猶自以為禮貌週到，謙讓有加，實則，這是完全不合乎乘車的禮儀。

一般而言，坐位的尊卑，以坐位的舒適和上下車的方便為考量的標準。自發明了汽車以來，各式車輛坐位的尊卑，早已固定。茲就車輛型式的不同，分述如下：

(一)小轎車

1.座位的秩序：由於車行方向的不同，如英國的制度（包括香港在內）是靠左走，美國的制度（包括我國在內）是靠右走，因此駕駛盤的設置，英制車輛在右，美制車輛在左，惟不論駕駛盤在左或在右，小轎車座位的尊卑，是一樣的。

如下圖 6–1 所示，小轎車的座位，如有司機駕駛時是以後座右側 (1) 為首位，左側 (2) 次之，中間座位 (3) 再次之，前座右側 (4) 殿後，而以前座中間座 (5) 最末。如駕駛是主人，則如圖 6–2 所示，以駕駛座右側為最大，後座右側次之，左側再次之，而以後座中間座最末。前座中間座則不宜再安排座客。

因此，我們不論為主人或賓客，應知座位的尊卑，乘車要有序。上下車也要依座位的大小，坐後車位者，上車時應依 321 的秩序上車，下車時則依 123 的秩序下車。坐後車左側，即坐第二位的客人，應自車後繞至左側門上車，但如在交通擁擠的行車道上，則可自右門上車，依序坐第三位者次上，主客最後始登車。如自己駕車，則應開啟前車右側門招呼主客上車，再招呼其他客人就後座。但國際間的通例，女賓不宜坐前座，除非女賓有意及堅持。

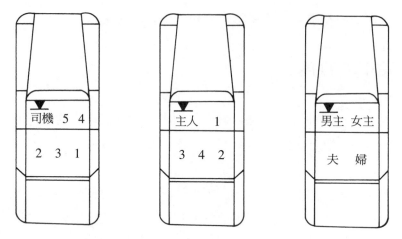

圖 6-1　有司機駕駛時　　圖 6-2　駕駛為主人時　　圖 6-3　主人夫婦駕車

　　2.主人夫婦駕車時，則主人夫婦坐前座，客人夫婦坐後座，要注意的是後座男士為服務自己的太太，宜開車門讓自己的太太上車，然後自己再就座，車次如圖 6-3。

　　如主人駕車搭載友人夫婦，則應邀請友人坐前座，友人之婦則坐後座，如圖 6-4，或如圖 6-5，統坐前座。

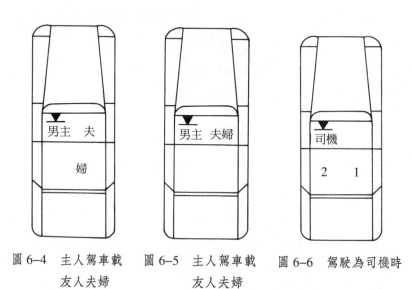

圖 6-4　主人駕車載　　圖 6-5　主人駕車載　　圖 6-6　駕駛為司機時
　　　　友人夫婦　　　　　　友人夫婦

3.倘駕駛為司機時，坐客有二人，宜如圖 6–6 就座，如有三人，宜如圖 6–7 或圖 6–8 就座。

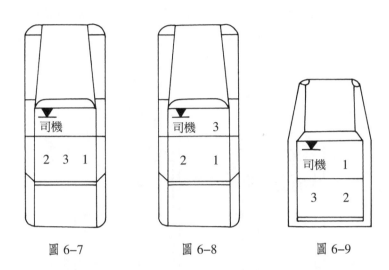

圖 6–7　　　　　圖 6–8　　　　　圖 6–9

4.主人親自駕車，座客只有一人，則應陪座於主人之前座，倘不明此禮，而鑽進後座，那是失禮的事。如果同座有多人，中途坐於前座之主客已下車，則在後車之客人應下車，改坐前座。此項禮節，許多人最易疏忽。

㈡吉普車

吉普車不論駕駛為主人或司機，以前座右方為尊，後座右側次之，左側殿後。故上車時，後座低位座應先上車，前座後上。下車時，則前座先下，後座再跟著下車。其座次如圖 6–9。

㈢旅行車

以旅行車接待小團體，日見普遍。此種旅行車，一般以九人座者為主，其座位之尊卑，以司機之後座側門開啟處第一排座位為尊，後排座位次之，司機座前排座位為小，其座次圖，如圖 6–10。

㈣巴　士

　　不論是中型或大型的巴士，以司機座後第一排，即前排為尊，後排依次為小。其座位的大小，依每排右側往左側遞減，情形如圖 6-11 中型巴士之座位。

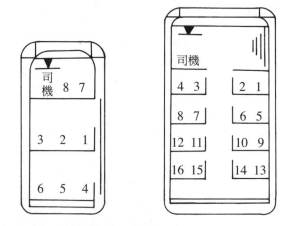

　　　圖 6-10　旅行車之座位　　圖 6-11　中型巴士之座位

㈤搭飛機

　　由於國民所得的增加，工商的發達，出國旅遊的同胞大增，搭飛機已變成普通化的交通工具。由於防止劫機的關係，又由於飛行安全和緊急逃生的考慮，搭乘飛機的安全管制比較嚴。一般而言，搭飛機應注意事項如下：

　　1.航空公司於班機起飛前二日，通常會清艙查核搭乘之旅客，因此乘客應勿忘主動對位 (confirm)。

　　2.國際航線的飛機設有頭等艙 (first class) 和經濟艙（economy 或 tourist），頭等艙除供應餐點外，飲料及酒類均免費，經濟艙則只供應餐點及正餐中之小酌酒類，其餘要價購。

3.行李之重量有限制，一般經濟艙每人不得超過四十四磅，手攜行李亦只限一件手提箱或手提包。

4.寵物不得夾帶，必須裝籠交付空運。

5.行李中嚴禁火藥，手提行李亦不得帶武器、刀、剪刀等，如查獲應交由空服員保管。

6.搭國際班機務必於起飛一小時半以前，抵機場劃位。

7.登機時，務必迅速找到自己座位坐定，由於機艙走道狹小，站在走道上將堵住後面旅客。

8.切忌在走道上及座位下塞滿行李，不但妨礙通行，且一旦遇急難，將妨礙逃生。

9.隨身大衣，可請空服員掛於後艙，或折好置於座位上方之櫃子中。

10.飛機上將吸煙區與不吸煙區分開；吸煙者於劃位時即應表明，在機艙中，不得在非吸煙區吸煙。

11.在機上使用廁所或更衣室，不要久佔，且應維持清潔。供乘客使用之香水、牙刷等，不可帶走。

12.機艙中之座位窄小，勿忘正襟危坐，且勿高聲談話。

13.為自己之安全，應注意警告燈，如要旅客綁緊座位帶 (fasten seat belts)，即應綁緊，否則遇亂流，將不可設想。

14.空服員的廣播，乘客應仔細聽，並配合。如降落前請乘客豎起座位 (Put your seat back erect)，不得吸煙 (No smoking) 等，皆為了安全，應立即照指示做。

15.上下飛機，如係團體，應讓位高者後上先下。

16.波音七四七客機座位如圖 6-12。前艙為頭等艙，頭等艙後為商務艙（中華航空公司取名華夏艙），商務艙後為經濟艙。

17.專機之座位，依飛機大小的不同，機艙座位佈置也不一。通常較小的客機，有兩列座位，有三列座位，亦有四列座位者，其座位尊卑，如圖 6-13、6-14、6-15 所示。

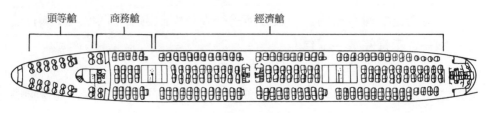

圖 6-12

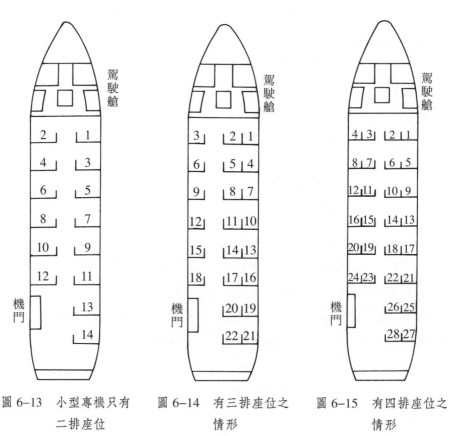

圖 6-13　小型專機只有　　圖 6-14　有三排座位之　　圖 6-15　有四排座位之
　　　　二排座位　　　　　　　　　情形　　　　　　　　　　情形

(六)搭輪船

　　一般人旅行搭乘輪船的機會,不外乎渡輪和豪華客輪,二者性質不同,
應注意事項也各異,茲述如後:

甲、渡輪

渡輪有大有小，一般由港埠通離岸交通用者，多為小型渡輪，而載運旅客至離島觀光勝地者，則多為大型渡輪，裝載人車，船上為統艙，設有酒吧和餐廳。此種渡輪搭載的客人，以渡假為目的，或攜家帶眷，或三五成行，休閒輕鬆，並無特別應注意之處，隨遇而安即足。但甲板邊緣，須留意安全，浪打船首，會顛伏衝擊，浪拍船邊，會捲人入海，這是特別要注意的。

乙、豪華客輪

歐美社會，乘豪華客輪渡假的風氣甚為普遍。此種客輪有大至數萬噸，亦有小如七、八千噸者，船上美輪美奐，豪華萬千，有如「海上行宮」。「愛之船」影集中，已介紹無遺。一般人已有醉迷如幻的印象。

豪華客輪內部建築設計，如豪華大廈，高有七、八層以上者，各層間有電梯，船上有游泳池、運動場、圖書室、醫務所、郵局、電信局、健身房、遊戲室、理髮廳、花園、飯廳、酒吧、舞池等，小城市之公共設施，船上均有。船艙分特等、一、二、三等及統艙，各等級中又有大小房間之別，與觀光旅館類似。

船上為調劑旅客海上遨遊的寂寞，常舉辦舞會、音樂會、電影等活動，多采多姿，因此必須熟悉船上的儀節。

1.船上儀節，與下榻觀光旅館相似。

2.得在甲板上或餐廳隨意與人交談。

3.進入餐廳用餐，必須衣著整齊，穿西裝打領帶。

4.倘與船上官員同桌進餐，則船上官員即形同主人，必須候其蒞臨坐定，始能點菜進餐。

5.除非應船長之邀請，否則不能坐在船長的餐桌。

6.遇正式宴會 (gala dinner) 時，則必須穿禮服。因此搭乘豪華郵輪，男士應備小晚禮服，女士須備晚禮服。夜晚在公共場所，須衣著整齊，切忌著運動服等便服。

7.通常啟航首日及返航前日，例皆允許旅客著便服，因顧及行李未打

開，或行李業已裝箱之故。

　　8.對船上的服務生，如客房清潔工、餐廳侍者、調酒員等，須賞小費。

　　9.郵輪上之奇遇，乃至艷遇，皆不能認真，宜謹慎處理之。下船後，最好遺忘。

㈦搭火車

　　在歐美，搭火車旅行，堪稱便捷廉宜。一般應注意事項如下：

　　1.由於火車廂的空間不大，行李宜少。一般情形，行李在一五〇磅以下，免費並可提上車。如行李超過，應提前抵車站交運，行李運失情形經常發生。

　　2.在車廂中，應對婦孺老弱禮讓，尤其有上下鋪臥鋪位之車廂中，應讓婦孺老弱睡下鋪。

　　3.臥鋪上下鋪間，以布幔相隔，因此寬衣更衣須小心。

　　4.除乘包車廂者外，一般乘客，應注意肅靜，旅客間交談，應小聲，勿喋喋不休。

　　5.行李不得堆放走道、座位前，或座位下。

　　6.赴餐車進餐，須先定位，俟隨車服務員通知後，再赴餐車。用餐後，必須付小費給侍者。

　　7.使用更衣室及洗手間，必須維持清潔，同時不得佔用太久。

　　8.火車車廂有頭等、二等、三等，不得越級或佔位。

㈧搭電梯

　　現代之城市，高樓大廈，櫛比林立，無論住家或辦公室，已多有電梯，在商場或購物中心，則有自動升降機，每日搭乘之餘，應熟知其禮節：

　　1.電梯上下，多求迅速，因此除對老弱婦孺禮讓外，不必過份客氣。

　　2.電梯中空間有限，且大家像擠沙丁魚一樣擁擠，因此進入電梯後，應面向門口，不然與人面對，將感尷尬。

　　3.站在控制開關邊之乘客，應乘客之要求，宜舉手之勞，提供服務。

4.搭乘電梯，必須俟下電梯者先下，再進入。

5.遇電梯故障或停電，必須冷靜，按緊急電鈴候援救，不可驚慌。

6.在電梯內不宜交談。

7.在電梯內應嚴禁吸煙。

摘　要

　　行止之間，長幼有序，賓主有分，無論搭乘任何交通工具，都有其應遵守的禮節。本章第一節徒步的禮儀，分走路時的基本儀態和走路時的禮節，作簡單的介紹。第二節乘交通工具的禮儀，則以乘車一般應注意事項，乘車的秩序，包括乘小轎車、吉普車、旅行車、巴士、飛機、輪船、火車和電梯等，作簡單的說明。我們應熟悉行的禮儀，改正國人不良的習慣。

第七章

育的禮儀

一般的交友之道，應對進退、送往迎來、噓寒問暖、訪友探病，乃至送禮送花、禮尚往來等，都是屬於育的範圍，前章所述個人的禮儀，只是個人應注意的禮節，而育的禮儀範疇，是涉及人群的規範，故它的範圍很廣。

第一節　交友之道

一個人不能沒有朋友，交得益友，則可互相切磋，互相激勵，互相鞭策，互通有無，為學者必能博以學問，為商者必能鴻圖大展。但是如果交的是損友，則足以害己，如係同學，或蹺課，或冶遊，或為非作歹，或作奸犯科，多少青少年因而斷送了前途。若為仕者，或貪贓瀆職，或腐化墮落，同流合污之餘，身陷囹圄者，亦比比皆是。若為商賈，或走私犯科，或詐欺矇騙，或暗中陷害致人傾家蕩產者，也不乏其例。如為同僚，則巧言令色，企圖不良，從中作梗，爭逐聲色犬馬，卒不長進者也很多。為聖賢，為下流；為成功，為失敗；因交友而致者，實在太多。而善果與惡終之間，又多不察。所以孔夫子早就告戒我們：

> 與善人居，如入芝蘭之室，久而不聞其香，即與之化矣；與不善人居，如入鮑魚之肆，久而不聞其臭，亦與之化矣。丹之所藏者赤，漆之所藏者黑，是以君子必慎其所處者焉。

一、交友要注意的原則如下

1.交朋友的前提要能互益，起碼要無害。與人處而不受其益，或無益於人，又何必浪費時間。

2.有下列不良德行的人，不能交朋友：

⑴待人不誠實者。因為不誠，則心不正，心不正，一遇到勢利，則

見利忘義。

⑵為人無信者。朋友貴有信，人無信不立，不信必不義。

⑶不忠不孝者。一個人倘不忠不孝，作為朋友，一定無情無義。孝、弟、忠、信，乃我們的社會衡量一個人基本人格的標準。

⑷不敬業，遊手好閒者。

⑸有重大惡習或作奸犯科者。

二、與朋友相處之道

1.要培養自己待人的修養。與人交，首求律己。《論語》中云：「己所不欲，勿施於人。」《聖經》上也有：「你希望別人怎樣待你，你就怎樣待人。」因此交友要常律己，先求自己站穩立場，培養自己的涵養，這些基本涵養包括：

⑴誠實：交友必須以誠實待人，不說謊，不詐欺，為人要正直。

⑵不自私：不佔人家的便宜，不損人家的利益，才能使朋友推誠相待。

⑶同情心：朋友之間，最需要人家的關懷，同情最易拉近感情，毫無同情心，交不到好朋友。

⑷樂觀：一個人只要樂觀快樂，常會予人可親可信的感覺。沒有人會喜歡愁眉苦臉的人。

⑸忍讓：凡事先求諸己，有容乃大。一個人血氣之怒不可有，必須善於忍讓，能忍讓也就不會輕易發怒，引起衝突。

⑹謙虛：滿招損，謙受益，古有明訓。所以傲不可長，志不可滿，因為傲慢會招怨，自滿必驕矜，居上而驕則亡。

⑺志節：人不可無志，猶舟之不可無柁。一個人倘無志節可言，則必見利忘義，棄友於不顧。所以一個人不得因窮困而改節。「富貴不能淫，貧賤不能移，威武不能屈，此之謂大丈夫。」只有自己志堅不移，才會贏得人家的敬重和信賴。

(8)助人：助人為快樂之本，我們常說「君子成人之美」，義含隨時幫
　　助人之意。遇友急難，施以援手，或通財，或賑濟，或助力，助
　　人之舉，人必思圖報。

2.要使朋友喜歡你。要怎樣合群並使朋友喜歡你？則必須：

　(1)隨時伸出友誼的手，真誠的關心朋友。

　(2)記住朋友的姓名、生日和他家人的情況，隨時致意問候或安慰。

　(3)不要指人隱諱，暴人之短。傷人之言，深似矛戟，友誼一旦傷害，
　　　則無法彌補。

　(4)多讚美朋友的長處，讓朋友覺得你欣賞他，他也就自然的會喜歡
　　　你。譬如朋友的成就、穿著等。

　(5)多聽朋友的講話，少逞自己雄辯之才。言多必失，《禮記》云：「君
　　　子約言，小人先言」，這是很有道理的。

　(6)多尊重朋友，讓朋友覺得他很重要，他就會喜歡你。

　(7)進退要有分寸，不但對待朋友如此，對待朋友的家人亦當如此，
　　　這些才會贏得朋友的敬重和信賴。

　(8)禮貌和笑容，這是贏得友誼的利器，彬彬有禮，笑容迎人，朋友
　　　自然會喜歡你。

3.要勇於認錯！人非聖賢，孰能無過，過而能改，善莫大焉。如果自
己有錯，必須勇敢的承認。凡事要反求諸己。

4.要讓朋友敬重你。要怎樣使朋友敬重你？則必須：

　(1)不多言，而言必有物，且一言九鼎，言必有信。

　(2)行為端莊，蓋君子不重不威。行為端莊，自易取得人家的敬重。
　　　因此要多注意自己的小節。

　(3)求上進，英雄不論出身低，凡人必須求上進。肯求上進的人，必
　　　能贏得人家的敬重。

　(4)富正義感，能為朋友仗義或執言。

5.要懂得如何批評。忠言逆耳，即使理直亦多使人難以接受。批評人
家，常使人冒火，因此必須銘記：

⑴讓朋友瞭解你是善意。

⑵不要在他人或眾人之前批評。

⑶要以鼓勵替代譴責。

⑷用語用詞要婉約。

⑸批評他人時，先反省自己，是否自己也犯同樣錯誤。

⑹不要傷到人家的自尊心。

⑺善用稱讚方法，達到批評的目的。

6.要能分辨是非曲直。只有明辨是非曲直，則理明，廉恥生，才能分別益友損友。

第二節　訪問的禮儀

工商社會發達的時代，訪問已成為推銷產品、業務聯繫，乃至日常社交生活重要的一環。因此，熟悉拜訪的禮節，不但有助於業務的推展，並且可結交朋友，給人留下良好的印象。有關訪問的禮儀，茲分述如後。

一、拜訪的禮儀

㈠拜訪的種類

拜訪依其性質可分為四種：

1.業務拜訪：基於業務上的需要而作的拜訪。公職人員之公洽拜訪有關機關、外交人員抵任後拜訪駐在國政府官員、工商機構人員主動訪問有關機構或客戶等，均為業務拜訪。

2.朋友間的拜訪：親友間的拜訪，無論是問候、聊天、慰問、情商，或連絡感情，或有事請託，均屬此類。

3.禮貌拜訪：即俗語說之拜碼頭，即擔任新職後拜訪有關人員，邁入

新居後拜訪鄰居等。

　　4.辭任拜訪：交卸職務時向有關機構辭行拜訪，遠行前向親友辭行，均屬此類。

(二)拜訪的一般原則

　　1.必須有尊卑、先後之分。即年幼者及低階者先拜訪年長者及高位者。

　　2.男士之拜訪女士，必須先徵得女士之同意，不得貿然前往拜會。

　　3.除上班時間及業務需要，女士不宜單獨拜訪男士，倘要拜訪，應由丈夫陪同。

　　4.在社交場合中認識新朋友，如欲拜訪，宜於認識數日後約定時間前往拜會。

　　5.遷入新居，宜主動拜訪鄰居。

　　6.為賀機關首長就職，趨往拜會，倘首長於辦公室門口置有簽名簿者，簽名致候即可，不必候見。

(三)拜訪的時間

　　1.拜訪必須先約定時間，通常必須於數日前預先約定。

　　2.不宜選週末或假日前往拜會，除非主人已作表示。

　　3.不宜利用清晨、夜晚或用膳時間前往拜會。

　　4.拜會時，除業務商洽需耗時外，一般拜會以喝完茶或咖啡即告辭為佳。

　　5.拜會時，應準時抵達，惟目前交通擁擠，為求保險，可提前數分鐘抵達。

　　6.如因故不克前往拜會，應通知主人致歉，取消約會。

(四)拜訪前應注意事項

　　1.注意服裝的整齊和儀容，不宜隨便穿著前往。

　　2.事先算計交通阻塞情形，不妨略提早五分鐘前到達。

3.拜訪時擬商討的業務，談話的內容，應預作準備，行前並作檢查，如有文件乃至介紹信，應勿忘備妥協往。

4.對被拜訪人之背景，包括愛好、脾氣、家庭等，應設法瞭解，俾有助於談話。

(五)拜訪時應注意事項

1.略寒暄後應簡要說明來意。

2.依主人的延攬就坐，但應避免坐主位。

3.倘尚有其他客人或其家屬，應與其他人亦招呼後再就坐。

4.如係業務拜訪，所談內容要點應隨時記錄備查。

5.倘主人因另有要務或急於離開而有所示意時，應即縮短拜會時間。

6.一旦興辭起立欲告辭時，應即辭別，不宜拖泥帶水，站立續談。

7.辭別時，在禮貌上主人僅送到辦公室或客廳門口止，拜訪者如見主人刻意相送，應請主人留步。

8.如拜訪時，女主人曾出來打招呼或奉茶奉水，辭退時，應勿忘問候女主人。

(六)回拜的原則

1.業務上之公洽，並不一定要回拜，但朋友之間的訪問、外交上的禮貌拜訪，宜於來訪數日後回拜。

2.鄰居之睦鄰，新戶主人來拜訪後，應予回拜。

3.回拜亦宜先約定時間。至於回拜的時間、回拜時應注意事項，與前述拜會同。

4.長官或長者於接受拜會後，自無需回拜，但宜擇期邀宴款待。

二、探病的禮儀

親友同事之間，難免因病或傷害住院。因此赴醫院探病變成我們日常

生活中，應該留意，也是適時伸出友誼之手，表示關懷、同情和慰問的良機。但是探病與普通的拜訪不同，醫院有醫院的規矩，我們不能一無所知，自以為是。

(一)探病應注意事項

1.遵守醫院規定，在探病時間前往探訪。上午病人需要診斷，中午飯後需要休息，晚上九時以後必須就寢，均為不適合探病的時間。

2.應瞭解病者的病情，病情之輕重，探病方式不一。

　⑴重病及隔離病者，醫院均禁止探病，因此探病者不得違反規定，強行探望，可留下名片或在簽名簿上簽名致慰。

　⑵剛開完刀之病人或產婦，不容許探視，因病人或產婦都需要靜養。

　⑶病情不輕，但醫院准予探病者，探病時不宜久留，稍寒暄慰問後，即應告辭，俾給病者充份休息。

　⑷病情轉輕已無大礙者，探病者可稍多停留慰問，但時間亦不宜太長。

　⑸如應病者或醫生要求探者多陪同病人，則可留下，但不能使病者太勞神。

3.不得在病人面前詢問病人之病情，更不得向病人透露病情。

4.倘欲知病人之病情，可詢病人之家屬，或至醫師辦公室詢問醫師。

5.探病時寒暄慰問切忌引起病人之傷感，應多鼓勵及安慰。

6.倘探病的人多，自己應識趣，不宜擠在病房，問候後即應告辭。

7.探病時應控制自己的情緒，不要露出悲傷，引起病人的悲觀。

8.除非病人渴念見到小孩，不然不要攜小孩前往探病。

9.如自己患感冒，則不得去探病，免引起病人的併發症。

10.如病人是肺結核或感冒，探病者不應掩鼻。

11.探病告辭時，應多說吉利的話，如「吉人自有天相」、「臉色看來好多了」、「早日康復」等。

㈡探病時應送什麼禮

探病時流行送禮品，究以何種禮品較宜？必須斟酌。

1.送花：病人在住院時，難免精神不振，送花堪稱合適，但不宜太多，如預料會有許多人送花，則不如送其他禮品。

2.水果：水果為探病常送的禮品，但也要視病人的病情，如病人所患的病是急性腸炎，是口腔的疾病，已不宜吃水果，則將不近情理。

3.滋養品包括人參等亦為適當的禮品。

4.藥物：不得自作聰明，提供特效藥或偏方，除非獲得主治醫師之同意。

5.在美國盛行代付住院病人的醫藥費或住院費，此方式頗實惠。

6.送食物如燉的補品，必須先經醫生許可再送給病人。最好事先徵求醫師的同意為佳。

7.書籍雜誌：為讓病人排遣寂寞，送書籍雜誌堪稱合適，但必須選趣味性、輕鬆、幽默的為宜。

三、赴約會的禮儀

前面所述的拜會，乃自己主動約晤人家，而此處所謂約會，係應人之邀約赴會而言。在此工商發達，社交應酬又頻繁的時代，赴約已是日常生活中重要的一部分。約會不外乎業務上的約談及朋友間的約會；交際應酬中的宴會、酒會、茶會、園遊會、音樂會、歌劇、舞會、婚禮、喪禮、運動、郊遊、爬山等。

㈠赴約應注意事項

赴約應注意事項與拜訪前應注意事項大同小異。一般而言：

1.必須守時，宜於約定時間到達。倘會遲到，宜通知主人。

2.如設定幾時至幾時之約會如酒會，應於時間結束時即告辭。

3.邀約單人或攜眷或闔家，必須弄清楚。如邀單人者，則不得攜眷或攜友，如邀請夫婦參加，倘有一人不能參加，必須告知主人，即赴約人數必須確實。

4.如邀請攜眷，如眷不能前往，不得攜女友。

5.倘因故不能參加，必須預早告知主人。

6.赴約前，宜先查明約會之性質及應邀參加之人員。

7.赴約時，應特別注意有否指定與會的服裝。並應穿著整齊，並注意儀容。

8.如請束中要求能否參加請回復者，應儘早回復。

9.如自己係主賓，事後應申謝。

㈡各種約會應特別注意事項

1.業務上之約會，宜提早三、四分鐘前到達。

2.宴會、婚禮及喪禮，宜準時到達。宴會與婚禮赴約前，應先決定送禮金或送花或送其他紀念品。至喪禮於參加前，應先決定送奠儀、花圈，或其他輓額。

3.電影、歌劇、音樂會等，因須先入場，故宜提早五分鐘前入座。節目進行中應避免離座。

4.舞會並不一定須準時到達。

5.酒會、茶會、園遊會等，於邀請之時間內到達即可，但如係主賓，必須準時或稍提早到達。時間結束，即應告辭。

6.郊遊、爬山及各種運動，因涉及團體行動，應準時到達。應著何種服裝，並須注意。

四、送迎往來的禮儀

同學將負笈千里，出國留學；親友將出國旅遊，依親或創業；友好自國外返國，或外國友人千里迢迢來臺，忝為朋友，難免設宴，以壯行色，

或接風歡迎，而於同學親友抵離時，又熱情迎送，這些送迎往來，已形成我們日常生活中，必須往來應酬的事務，且越來越普遍。

送迎往來的禮儀，其一般原則如下：

1.對於自己之上司、長輩，或平輩但交情深厚者，可親自迎送。

2.對於地位比自己低之同事或親友，可派代表迎送。

3.由於國際機場離市區遠，一般人無論服務公職或在民間機關上班，乃至經營自己之事業，多無法輕離趕赴機場迎送。除非絕對必要，不妨用電話表示送行或歡迎。

4.被迎送之對象係婦女，則男士宜攜女眷前往，如係貴賓，並宜獻花。

5.如係設宴送行或接風，則送行的場合應避免友好啟程前一日，如係接風，則不宜拖太久。

6.如係同學或同事友好將負笈外國，與其大吃大喝餞行，不如酌送程儀，較為實惠。

7.送行的場合，不妨考慮贈送適用、有紀念性，並便於攜帶的紀念品。

8.送行時，如在機場，例囑「一路順風」(Bon voyage 或 Happy landing)，如係接風，則表示「歡迎抵臺北」(Welcome to Taipei) 或「歡迎返國」(Welcome home)。

五、與外國人士交談應行注意事項

一個人必須維護自己和國家的尊嚴，崇洋媚外，只有讓外國人瞧不起，挾洋自重，又會讓國人卑夷唾棄。「人必自侮，然後人侮之」，古有明訓。以目前的社會，國人接觸外國人士的機會已越來越多，不能不注意交談的準則，應行注意事項如下：

1.必須維護國家的尊嚴，不要侮辱自己國家的元首，醜化本國的形象。

2.不要違背國策，攻訐本國政府的政策。

3.不要出賣國家的機密。

4.注意自己的儀態，說話時遣詞用字選用較文雅的，速度不要太快。

5.不談及隱私，不揭人之短，不炫耀自己之長。

6.如係與來自發展程度比我較差的外國人交談，不可輕視，如係與來自比我更進步國家的人士交談，則不媚外，必須莊重，勿損自己的人格。

7.不要唯唯諾諾，應有勇氣說「不」，不可變成與洋人交談，自己先矮了半截。

8.要有禮貌，不專橫，多注意及聆聽人家的談話。

9.如外國人係特定人士，即事前已曉得將與其晤談，則應先瞭解其身分，可能會談之內容，俾利交談。

10.如係旅遊在國外，則應先曉得停留國家之風土人情及禁忌，最好能熟悉幾句客套話，俾博取人家的好感。

第三節　接待的禮儀

在外交場合，要如何接待，是一件很嚴肅的課題，不但接待的禮儀要合乎身分，而且不能有所疏忽或怠慢，否則會立即引起貴賓的抗議及不快。民間的接待，雖未如官方的接待那麼嚴肅，但也不能掉以輕心，否則不但失禮，也會引起賓客的不快，致阻礙業務的發展，影響既有的友誼。

一、接待應注意的原則

1.給賓客的禮遇要合適，不抑損，也不逾越。在外交場合的禮節，總統、總理、部長之間，如在迎送場合之軍禮，要鳴多少響的禮砲、儀隊陣容多大、禮兵多少、開導的摩托車要多少部，國際間已有普遍接受的標準。一般民間的交際往來，雖無明文規定，惟亦有被認同的原則，對首長與部屬、賓與主之間的禮節要有區分，即

2.接待首長主管及長者之來訪，應在門口迎接。對部屬、平輩友好之來訪，則不必過份禮遇。

3.對異性之接待，除業務上之洽談，或係至親親屬外，宜偕妻或偕夫出面共同接待，免引起不必要的困擾。

4.對賓客應待之以禮，在會客室或家裏客廳，應禮讓主賓坐主位，如有其他陪客，坐位應先排定，至少胸有成竹。

5.對客人應待之於誠，如虛以應付，則不如不接待。

6.不論自己是主人，或是接待員，應注意服裝的整齊和儀容的端莊，俾給客人留下好印象。如係公司或機關之接待員，有制服則宜穿制服。

二、宴會的接待禮儀

宴會為目前社會上很重要的交際活動，送迎往來，常以宴會來表示誠摯的友誼。為使賓主盡歡、宴會成功，則主人必須熟記下列的禮儀：

㈠宴會應有詳密計畫，妥予準備

1.在主賓與陪客方面
　⑴宴會總是有其目的，應使主賓瞭解宴會是為他舉行。
　⑵請主賓選定宴會的日期及時間。
　⑶宜以主賓的嗜好與習慣，選定地點及陪客。
　⑷如主賓地位重要，陪客名單不妨先徵求其意見。
　⑸陪客中應儘量避免有地位高於主賓者，也要避免地位太懸殊者，
　　主賓如係外賓，陪客的選定應考慮外語之能力。
　⑹陪客中男女間的比例宜平均。
　⑺與主賓有過節、有嫌隙，或有同行相忌者，不宜邀為陪客。
　⑻與主賓同級之主管，亦不便邀作陪客，因排位分上下，作陪的將
　　覺得被冷落。
2.宴會地點方面
　⑴如主賓頗熟識且關係密切，則宴會在寓所舉行較為親切。
　⑵如在寓所舉行，則必須妥為佈置，必須顧及：

應佈置有衣帽間；客廳沙發椅及座椅之座位應足夠，如邀請有十二人，即應有十二個座位；衛生設備應求整潔，宜備有擦手毛巾或擦手紙等；飯桌應先排定座位。

(3)如係雨天，應備雨傘接客；宜預先留意停車位，並事先告知主賓及陪客，何地可以停車。

(4)如係在飯店舉行，則宜先訂位，因一般飯店的大飯廳人多嘈雜，談話不便，宜安排特別房間或貴賓室。地點不宜離主賓太遠。切忌方便自己，苦了主賓及陪客。飯店的選定，不宜專求美味飽餐，應顧及停車是否方便、衛生設備是否完善、服務態度是否良好、菜餚是否合乎衛生等。

3. 宴會的時間方面

(1)請帖宜於十日前發出，在外交酬酢方面，西方的國家多講求於兩週前發出。

(2)目前工商忙碌的社會，許多宴會或不可能於十日前決定，但一旦決定後，或面邀，或電話邀請，應立即補寄請柬，以示誠意。

(3)如時間係自己所選定，則應避免週末、星期日，或國定假日，但為慶祝節慶之假日舉行之宴會例外。

(4)如主賓係天主教徒，應避免星期五，因天主教徒星期五不能吃肉，但可吃魚及海鮮。

(5)一般業務性之餐會以午間舉行較為方便，社交性之宴會則以晚間舉行較為合適。

4. 菜餚方面

(1)宜以迎合主賓的嗜好及口味為主，切忌己之所好好之。

(2)如主賓或陪客中有外籍人士，切忌供應人家不吃的菜餚，如豬肚、鴨舌、鴨掌、甲魚、腦、腸等。

(3)菜的道數不宜太多，亦不宜太少。

(4)回教徒不吃豬肉、火腿、豬油，如什錦炒飯中，即有火腿，不能不注意。

(5)如係宴請外賓且係較正式的宴會，飯前並供應有飯前酒，則應準備飯前小吃。

(6)天主教徒星期五不吃肉，但可吃魚。

(7)宴會應準備菜單，如係宴請外賓，宜備外文菜單。

5.酒方面

(1)正式的宴會宜供應全套，即飯前酒 (aperitif)、進餐酒 (table wine) 及飯後酒 (liqueur)。

(2)國人暴發戶的心態，進餐時豪飲白蘭地尤應避免。

(3)正式的宴會，宜有酒保調酒。

㈡宴會時主人應注意的儀節

1.宴會開始時，主人及女主人應在寓所門口或宴會廳門口接待賓客。

2.賓客間並不一定認識，主人及女主人應盡介紹之責，為每位來賓介紹。

3.主人及女主人應表現熱忱、風趣及愉快，務使宴會生趣融洽。

4.主人及女主人於賓客蒞臨後，應稍寒暄，並詢飲何種飯前酒後，囑侍者料理。

5.就餐進入飯廳時，主人與女主人應陪同並照料主賓夫婦就座，並招呼其他客人入座。

6.席間應慇懃招待客人，替座位兩旁之客人挾菜，抽香煙時點火、遞送煙灰缸等。

7.原則上席間主人及女主人不宜離席。如女主人不得不離席料理餐點，則不宜離席過久，因過久會使客人不安。

8.席間，男女主人應多找尋輕鬆有趣的話題交談，以助氣氛的融洽。切忌談論他人隱私或有損他人顏面的題材。

9.如主人與女主人有意講笑話助興，應顧慮其適合性。肆無忌憚的高談黃色笑話，會使與宴女賓困窘。

10.主人與女主人敬酒及勸酒應適度，國人的陋習強人所難要人乾杯應

避免。

11.席間切忌用自己的筷、匙為賓客敬菜。勿忘使用公筷母匙。

12.在餐廳呼喚侍者 (waiter, boy) 不得大聲吆喝，應以招手、注視，或輕聲呼喚。

（三）宴會後主人應注意的儀節

1.宴畢主賓興辭時，主人及女主人應親切的送客至門口，住公寓的宜送至電梯門口。

2.賓客告辭時，應囑僕人預先通知客人之司機，及侍候賓客，代取衣、帽、手杖、披肩等，並予助穿。如家無僕人，則男女主人自行代勞。

3.倘部分客人先行離去，尚有部分客人留戀未走，此時男主人可送賓客至門口，女主人則可留在客廳招呼客人，不必偕男主人送客。

4.如賓客中有醉意者，不宜讓該賓客逕自離去，主人應婉留該客人稍坐或駕車親自送客返家，不然讓其帶醉離去，中途出事，道義上將難辭其責。

5.如在餐廳宴客，切忌在客人面前結帳，應俟客人離席後再付帳。

三、酒會時的接待禮儀

酒會為目前極為流行的酬酢節目，規模較大，又不必排座位，賓客均較為輕鬆。其準備事項與宴會大同小異。主人接待的禮節稍異者，是主人與女主人必須在客廳或大廳入口處接待客人，中場男女主人可稍退，進入會場與賓交談，但酒會結束前，又必須移駕入口處送客。酒會邀請之賓客較多，主人與女主人與賓客到臨時，必須一一與之握手，遇賓客中不相識者，必須略予介紹。酒會中，男女主人已無法一一招待客人進食用酒，故所僱用之侍者人數不能過少，所設酒吧必須在進出方便的地方，小吃檯也應設在較寬敞的地方，才不致使賓客為取酒或取食擁擠一堂，使人難堪。

第四節　餽贈的禮儀

　　餽贈為國與國之間表示邦誼，或酬答友邦之善意；或感謝友邦官員之貢獻，被各國普遍採行的表達方式。李登輝前總統訪問新加坡，送給新加坡前總統黃金輝的是我國足以睥睨國際資訊的國產尖端個人電腦，贈送李光耀前總理的為兩株名貴盆景，送給新加坡圖書館的是全套的四庫全書。蔣夫人於抗戰期間訪美，送給羅斯福總統夫人的，是名貴的熊貓，嚴家淦先生任副總統時，以特使身分訪問巴貝多，他送給巴貝多總理的是我精美鑲玉石的屏風，而巴貝多總理回禮所送的是巴貝多五隻純土種山羊，現已綿延繁殖在墾丁公園。政府首長的餽贈，多以能代表本國的產品，或能代表本國文化的物品為主。至民間的往來應酬，送禮回禮的場合甚多，賀人喜慶如婚禮、開張、落成、壽辰、榮升、喬遷等，固須送禮，而一年中的節慶，對至親好友亦多禮尚往來，此種民間場合的餽贈該送什麼，那就無所不包了。

一、送何種禮品較為合適

　　送禮的場合很多，可送的禮品也很多，究竟送何種禮品較為合適，實因人、因事、因地、因時而作考慮，大體而言，所送的禮品應有其意義，一般的禮品或紀念品，不外具有下列各種：

　　1.具有代表本國文化的物品：

　　能代表本國文化的物品如土產、手工藝品、藝術品等。此等物品如玉器、陶瓷、景泰藍、結晶釉、國畫、彫刻、屏風、珊瑚、大理石彫刻、圖書、字畫、象牙彫刻、中國結、抽紗桌布等。

　　2.能代表本國形象的產品：

　　如李前總統送給新加坡總統我國最尖端個人電腦便是。現我國的產品

已行銷全球，較能代表我國形象的產品除電腦外，其他如計算機、錄音筆、行動電話、電視機、音響、家電、衣料、運動器材、高級玩具等。

　　3.具有紀念性的產品：

　　如紀念性金幣、銀幣、紀念章、銀牌、錦旗、特製領帶、紀念性金筆、對筆、原子筆、自來水筆、旅行外國買回的土產等。

　　4.具實用性的禮品：

　　如一般家電產品，餐具、檯布、衣服、擺飾、化妝品、書籍、文具、樂器等。

　　5.具食用性的禮品：

　　如水果、罐頭、茶、咖啡、奶製品、調味品、冬菇、烏魚子、香腸、乾果、酒類、蛋糕、糖菓。

　　6.具榮譽性的禮品：

　　如榮譽公民、榮譽博士學位、榮譽會員、優待證、貴賓卡、榮譽市民、市鎖等。

　　7.代表團體的紀念品：

　　如隊徽、隊旗、球隊經簽名的球等。

　　8.金錢包括現金、禮券、支票等。

　　9.花、盆景、插花、人造花等。

二、送禮應注意的原則

　　禮尚往來，雖係客套，但送禮確係給自己表示對友誼或親情的珍惜及重視的機會，故不能不慎重，一般而言，必須兼顧下列原則：

　　1.應瞭解受禮人的嗜好和需要，如受禮人將出國深造，苦於學費不足，此時宜贈送程儀，若送水果或其他用品，則會讓人失望。

　　2.應瞭解習俗，如該送紅花的場合卻送白花，祝壽的場合，選「鐘」當賀禮，冒犯了讓人最忌諱的「送終」隱喻，回教人士不吃豬肉，卻送給他火腿等，皆有悖習俗。

3.禮品的份量，應與送禮的對象、場合和自己的能力相匹配，如對泛泛之交贈以厚禮，殊有失意義，送人太貴重的禮品會讓人怯於收受，而如果自己經濟能力已拮据，且送人貴重的禮品，則會令人產生愧疚之感。

4.禮品必須具有意義和實用，如賀大專聯考名登金榜，送他字典或叢書、打字機或電腦則具意義和實用。如送樂器給不諳音樂的人，送洋酒給不能喝酒者，則了無意義。

5.送金錢的場合要慎重，如送金錢給自己的業務有關的主管官署人員，將構成賄賂；部屬送錢給頂頭上司，則係巴結。一般而言，民俗接受於婚、壽、弄瓦、弄璋喜慶時送禮，喪事時送奠儀，過年時長者給紅包，親友遠行送程儀，主人賞傭人，雇客給侍者的小費等，則受歡迎之列。

6.師出必有名，送禮必須有名堂，除已接受邀請必須送禮外，如賀親友同事的喜慶或弔喪，則可主動酌情表示，拜訪親友酌送禮品，亦甚普遍。

7.禮品必須加以美化包裝，在包裝前應注意撕去價錢條。

8.除自己親自面遞的禮品外，託人轉交的禮品應貼上自己的名片，或寫上自己的姓名。

9.如送花，則必須弄清花籃與花圈在意義上的區別，以及各種顏色所代表的意義。

10.如送人遠行以家電產品，則必須弄清受禮人前往國家的電壓和頻率。

11.如探病送水果或食品，則必須弄清病人是否能食用，或醫生是否允許病人吃用，否則將徒負自己的心意。

12.西洋的禮節，受禮者於收到禮品後，宜當面拆開禮品，除面謝外並宜適度讚美。

13.禮尚往來，有機會回禮應考慮上次所收禮品的份量，如收人重禮，回禮亦應相若，不能淪為秀才人情，函電一張。

三、送花及盆景

在歐美國家，送花甚為普遍，幾乎各種場合都可以送花，以前送花給

男士有諸多不宜的觀念，已逐漸打破。尤其在被邀請作為主賓的場合，如宴會在主人的寓所舉行，勿忘送花，且須事先送達，俾主人可先佈置。舉凡宴會、酒會、茶會、祝壽、婚禮、探病、新居、就職、開張、迎送、生育、新年、聖誕節，乃至喪禮等，均可送花表示心意。各種場合所送的花，無論國內或國外，玫瑰花為普遍被接受的花種，在顏色方面，國內較喜歡

場　合	花　種	型　式	顏色	備　註
宴會、酒會	玫瑰、劍蘭	花籃、花束	紅色	花盆或花束應預先送達。如係宴會，事後於次日補送亦可。
婚　禮	玫瑰、劍蘭	花　籃	紅色	
壽　辰	玫瑰、蘭花、菊花	花籃、花束、盆景、盆花	紅色黃色	送盆景或盆花亦可。國內祝壽場合，喜用黃色菊花。
新　年	玫瑰、劍蘭、聖誕紅	花籃、盆景	紅色	晚近國內流行送鳳梨花盆景，送人造花亦可。
聖誕節	聖誕紅	盆　景	紅色	
探　病	玫瑰、蘭花、劍蘭、康乃馨		紅色	並非所有病患均可接受送花，能否接受，宜徵求主治醫師之同意。
迎　送	玫瑰、蘭花、紫羅蘭	花束、花環、襟花、花籃	不拘	機場迎送，男士可送花環，女士可送襟花，歡迎貴賓，可送花籃或花束至其下榻之旅館。
落成、週年紀念、開幕	玫瑰、劍蘭、盆栽、鬱金香	花籃、花束、盆栽	紅色	
首演、演奏會	玫瑰、劍蘭	花籃、花束	紅色	花籃可事先送至演奏場。花束可於謝幕時送。
生　育	玫瑰、蘭花	花籃、花束	紅色	外國之花店，有刻意將花籃紮成嬰兒車狀。
喪　禮	玫瑰、菊花、百合、夜來香	花圈、花籃、花十字架	白色黃色	基督教及天主教徒可送花十字架。國內習俗八十歲以上之死者，亦可用紅色花。
拜訪、喬遷	玫瑰、蘭花、菊花、鬱金香、盆栽	花籃、插花、盆栽	不拘	

紅色及黃色，各種場合適宜的花及顏色如上表所述。

第五節　結婚的禮儀

　　一個人的一生，除了極少數人之外，必將結婚，男有婚，女有歸，上以承宗，後以接代，無不視結婚為終生大事，故古今中外，皆視婚禮為重要的儀式。一般的西洋國際禮儀著作中，結婚 (Weddings) 成為重要的一章，本節僅就我國目前盛行的婚禮及歐美流行的婚禮介紹如後。

一、我國的婚禮

　　在古代，我國即重視婚禮，認為係人倫之肇始，故須莊重。《通鑑外紀》：「上古男女無別，太昊始設嫁娶，以儷皮為禮。正姓氏，通媒妁，以重人倫之本，而民始不瀆。」《禮紀世本》指出：「伏羲制嫁娶，以儷皮為禮。」儷皮即鹿皮，遠古時代，衣以皮為主，可見伏羲時代，以儷皮為禮，早已成俗。我國的婚禮至周朝即甚完備。《禮記・昏義》中所載：「昏禮者，將合二姓之好，上以事宗廟，而下以繼後世也。故君子重之。是以昏禮納采，問名，納吉，納徵，請期，皆主人筵几於廟，而拜迎於門外，入，揖讓而升，聽命於廟，所以敬慎重正昏禮也。」自周朝以降，六禮即成為我國民間結婚儀禮的準繩，迄今，現本省鄉間仍大部分遵守此儀禮，六禮的內容為：

　　1.納采：即議婚，男方托贄物給媒婆，女方接納，憑媒說親。

　　2.問名：女方有了承諾，男方即具書，問女的生辰八字。

　　3.納吉：男方取得女的生辰八字，即求神問卜，候神明之指示，看八字有否相沖，是否合適。

　　4.納徵：納吉已定，即以儷皮金錢為聘禮訂婚。

　　5.請期：男方擇定吉日良辰，備妥婚期吉日書文及禮物，正式告知女方，女方受禮，婚期即定。

6.親迎：結婚當日，新郎銜父命往女家迎親，女父備妥酒席，迎於門外，新郎登女家祠堂，祭拜後乘新娘車，俟抵男家，新郎候於門外，新娘到達，新郎對新娘作揖，請她入內。

上述舊式婚禮，受西風東漸的影響，目前國內舉行的婚禮，已漸西化，結婚的儀式亦趨多樣化，除普通結婚儀式外，尚有集團結婚、公證結婚、宗教結婚，乃至旅遊、運動方式之結婚等，但不論以何種方式舉行婚禮，必須要有莊嚴的儀式，使夫妻能體會百年好合、文定終生的神聖使命，同時亦須滿足法律上的要求，使婚姻合法。現國內奉行的普通結婚禮儀，介紹如下。

(一)依古俗舉行的舊式婚禮

目前本省民間普通婚禮多已簡化。不論是戀愛結婚，或憑媒妁之言，一旦論及嫁娶，則多循問名、送定（文定即小聘）、完聘（大聘）、請期及親迎等步驟。即：

1.問名：由媒婆居間連絡，男女雙方交換姓名及生辰八字。通常男方收到女方送來之「庚帖」（即生辰八字）後，多置於神前或祖先牌位之案頭上，三日內家中平安無事，則將男方之庚帖送女方，女方或求神或問卜，如卜得合適，即可進行，否則原件退回。目前問名之舉，多已淡化，但大部分多援例遵行。

2.送定：即「小聘」，文定之禮。男方擇妥佳日，將聘禮包括聘金、禮餅、金戒指、金手環、金耳環、金項鍊、禮燭、禮炮、禮香等送女家。送定時，男方可由雙親及其他親友合共六人或十二人至女家送禮。女方接受聘禮之大部分，須備十二件物品回贈。

3.完聘：即「大聘」，男方將聘金及其他贈品，備具婚書，由媒婆及押送禮品之男方親友送至女家，女家於祭告神明後，於中午款宴媒婆與男方親友。贈品於領受後，多有退還一部分，並須準備回贈禮品如新郎用之衣帽鞋類等。現在之例，大部分人家已將送定及完聘合併辦理，無小聘及大聘之分了。

　　4.請期：俗稱「提日」、「送日頭」。男方擇妥了吉日婚期，用紅箋寫明，此即為請期禮書，由媒婆攜往女家，一般女家多同意男方擇定之佳日。

　　5.迎娶：即「結婚」。新郎在男儐相、媒婆及男方親友陪同赴女方迎娶。女家例請新郎吃「雞蛋湯」，即在甜湯內放煮熟去殼之雞蛋，新郎於喝完甜湯後，應用筷子戳開雞蛋。女家於新娘出閣前，與家人吃團圓飯，即俗稱「姊妹桌」，女方之父母多臨別告戒三從四德的道理。時刻至，新娘由年高有福氣的長者扶侍上車，至抵男家，由男方親屬牽新娘下車後，由新郎送入洞房。

　　以上為目前本省鄉間採行之普通結婚禮式。男方娶得新娘歸，例皆於中午盛宴款待親友，通常男方會請樂隊助興，宴會中新郎新娘須逐桌敬酒，宴後鬧洞房之風俗仍然存在。

㈡新式的結婚禮儀

　　目前因受西洋結婚儀式的影響，現代人的結婚禮儀多已簡化，尤其男女兩情相悅，戀愛成熟後即訂婚結婚，有的甚至奉兒女之命，不得不倉促結婚，父母左右子女婚姻的影響力衰退，問名問卜，企求八字相合的，也多已不重視，惟本省的風俗，訂婚及結婚仍多莊重進行。就我國民法的規定，結婚並非一定必須經過訂婚，雙方同意時，未經訂婚也可逕行結婚，但在傳統的社會，訂婚乃進入結婚的重要階段，因此訂婚亦須莊重進行。

　　1.訂婚應行注意事項

　　　⑴依民法第九百七十二條規定：「婚約，應由男女當事人自行訂定。」第九百七十三條：「男未滿十七歲，女未滿十五歲者，不得訂定婚約。」第九百七十四條：「未成年人訂定婚約，應得法定代理人之同意。」

　　　⑵訂婚的禮儀可簡約，除雙方當事人外，備幾桌酒席，邀請雙方親友參加，交換飾物，填就訂婚證書即可。

　　　⑶訂婚證書應載明訂婚人姓名、出生年月日、籍貫及訂婚時間地點，而訂婚人、證婚人、介紹人、主婚人（家長或法定代理人在場時，

訂婚證書

○○○男出生於中華民國○○年○月○日係○○省○○市縣人

○○○女出生於中華民國○○年○月○日係○○省○○市縣人

茲以雙方同意並經報告家長謹訂於中華民國○○年○月○日○午○時

在○○○○訂婚　此證

中華民國　年　月　日

訂婚人　○○○　蓋章或簽字

主婚人　○○○○　蓋章或簽字

介紹人　○○○○　蓋章或簽字

證婚人　○○○○　蓋章或簽字

　　　　為當然主婚人），應在訂婚證書上蓋章或簽字。

　　⑷訂婚證書一式兩份，男女雙方各執一份，其式樣如上。

　　2.結婚應注意的禮儀

　　我國民法親屬編第九百八十條規定:「男未滿十八歲,女未滿十六歲者,不得結婚。」(第九百八十一條:「未成年人結婚,應得法定代理人之同意。」)同法第九百八十二條規定:「結婚,應以書面為之,有二人以上證人之簽名,並應由雙方當事人向戶政機關為結婚之登記。」因此,結婚的當事人雙方必

先明瞭結婚的法定條件後，再進行其他籌備婚禮的細節工作。同時也要注意「不得結婚」的法律限制。同法第九百八十三條規定，與下列親屬不得結婚：

(1)直系血親及直系姻親。

(2)旁系血親在六親等以內者。但因收養而成立之四親等及六親等旁系血親，輩分相同者，不在此限。

(3)旁系姻親在五親等以內，輩分不相同者。

前項直系姻親結婚之限制，於姻親關係消滅後亦適用之。因此，結婚不具備上述第九百八十二條之方式，只有兩情相悅的雙方，結婚無效。而違反了第九百八十三條所定親屬結婚之限制者，也一樣無效。

目前流行的普通結婚儀式，多在大飯店的禮堂或大廳舉行，宜注意的禮儀如下：

(1)禮堂的佈置務求莊嚴，行禮臺上必須備禮桌，置紅色桌布，上置龍鳳喜燭、結婚證書、印泥盒。

(2)禮桌正中的牆上應懸掛「囍」字霓虹燈，或金色「囍」字紅綢幛，正中向兩旁伸展的牆壁懸掛親朋同事贈送的喜聯，及地面上擺放的花籃，必須依長幼及職位高低，由中間向兩旁置放。

(3)證婚人的敦請，宜考慮德高望重、福壽雙全者為佳。

(4)男女儐相應扮演的角色，宜事先取得默契和瞭解。

(5)結婚人、介紹人、證婚人、男女雙方主婚人，須在典禮中用印，事先應囑咐不要忘記印章。惟依例，簽字亦可。

(6)婚禮儀式宜莊重祥和，宜事先約束司儀勿藉機取鬧逗趣。

(7)婚禮中互換信物，戒指應如何套上，宜先有默契。

(8)柬邀親友觀禮，應力避浮濫。

(9)婚禮舉行時，席次之安排應事先告知各關係人，以免臨場紛亂（如下圖）。

(10)結婚人須穿著禮服、或整潔服裝。親友觀禮應保持肅靜，服裝顏色宜選擇「喜」色（忌喪服色彩）。

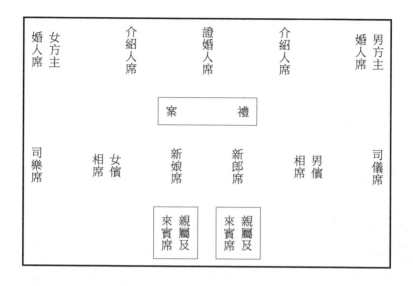

⑾婚禮儀式如下：

　　結婚典禮開始

　　奏樂

　　來賓及親屬就位

　　主婚人就位

　　介紹人就位

　　證婚人就位

　　新郎新娘就位

　　證婚人宣讀結婚證書

　　新郎新娘用印（或簽字）

　　主婚人用印（或簽字）

　　介紹人用印（或簽字）

　　證婚人用印（或簽字）

　　新郎新娘交換信物

　　新郎新娘相互行三鞠躬禮

　　證婚人致祝詞

　　主婚人致謝詞

　　　　　新郎新娘謝證婚人、介紹人、主婚人行一鞠躬禮

　　　　　新郎新娘謝來賓及親屬行一鞠躬禮

　　　　　奏樂

　　　　　禮成

以上除證婚人、主婚人致詞外，亦可請介紹人、來賓致頌詞。致詞宜簡短，忌長篇大論。

　　⑿結婚證書應備一式兩份，男女雙方各執一份，其式樣如例一與例二所示。

　　除上述自行舉辦之婚禮外，結婚亦可在法院公證，也可以參加機關團體舉辦的集團婚禮，後二者之儀式，自然較為簡化，惟勿忘備就結婚證書一式二份，以昭信守。不過，民國 97 年 5 月 23 日以後，即使有舉行公開的結婚儀式，例如結婚喜宴、宗教婚禮、法院公證結婚及政府機關主辦之集團結婚等，如果未向戶政事務所辦理結婚登記，結婚仍不生法律效力（民法第九百八十二條）。

二、西洋的婚禮

　　由於我國經濟發展的迅速，出國留學之青年學生甚多，外國人來華經商定居者也不少，中西通婚，已見諸平常。平日報端，敬告親友其女公子在美國與某洋人結婚之啟事甚多，國人旅居國外應邀參加洋朋友結婚之機會也不少。故認知西洋的婚禮，不但有益入境問俗，也有助於自己之社交生活。

　　此處所介紹的西洋婚禮係指歐美人士的婚禮而言。彼等大部分篤信天主教或基督教，故婚禮大部分在教堂舉行，結婚之前，例皆先行文定，其方式及應注意的禮儀分述如後。

㈠西洋人的訂婚儀式

　　1.歐美社會之訂婚 (Engagement) 事宜，例由女方家長籌備。

2.訂婚前，未婚夫應負責商洽未婚妻送妥訂婚戒指 (Engagement Ring)。一般而言，經濟情況佳者，多選鑽戒，經濟並非富裕者，選其他寶石，或出生月份之寶石 (Birthstone) 亦可。

例一：

結婚證書

○○○男出生於中華民國○○年○月○日係○○省○○市縣人

○○○女出生於中華民國○○年○月○日係○○省○○市縣人

茲以雙方同意，結為夫婦並經報告家長謹於中華民國○○年○月○日○午○時

在○○○○結婚　此證

結婚人　○○○○　蓋章或簽字

主婚人　○○○○　蓋章或簽字

介紹人　○○○○　蓋章或簽字

證婚人　○○○　蓋章或簽字

中華民國　年　月　日

例二：

所謂出生月份之寶石如下：

　　一月：暗紅色之石榴子石 (Garnet)

　　　　　白色如水晶之風信子玉 (Zircon)

　　二月：紫水晶 (Amethyst)

　　三月：水藍寶石 (Aquamarine) 或血石 (Bloodstone)

　　四月：鑽石 (Diamond)

　　五月：翡翠，即綠寶石 (Emerald)

　　六月：珍珠 (Pearl)

　　七月：紅寶石 (Ruby)

　　八月：帶紅白條紋之瑪瑙 (Sardonyx) 或橄欖石 (Peridot)

　　九月：藍寶石 (Sapphire)

十月：貓眼石 (Opal)

十一月：黃寶石 (Topaz)

十二月：綠松石 (Turquoise) 或青金石 (Lapis Lazuli)

3.未婚妻可酌贈未婚夫禮品，但非必須。

4.訂婚事宜應告知親友，其方式：

(1)由當事人函告，或電話通知。

(2)由女方家長出面在報端刊登訂婚啟事。女方除在其所屬地方之報刊刊登外，通常男方常要求亦在其住地之報刊刊登。

5.女方負責舉辦訂婚餐會或酒會，費用由女方負擔。但如女方父母雙亡或父母健在但旅居遠地者，男方例皆負責辦理。

6.訂婚時女方如辦有餐會，則女方家長在宴會中必須鄭重宣布其女訂婚。彼應持杯起立，宣布：

例： We want you all to know how pleased we are to announce ×× （小姐之名） engagement to Paul. I would like to propose a toast to them both, wishing them many many years of happiness.

7.歐美社會亦流行嫁妝 (Trousseau)。在美國，女子於訂婚後，其母即逐步準備其女之嫁妝，包括成套之桌布、床單、床罩、被單、毛巾、餐具、咖啡具、廚房用具、銀器、刀叉等。為免浪費，在美國亦流行未婚夫妻先至各式銷售店選妥中意之用品，請店東留意記錄下來，候親友選購贈送彼等結婚禮品時採購。

8.訂婚後，未婚夫 (Fiancé)、未婚妻 (Fiancée) 仍須過端莊檢點之生活，不宜雙宿雙飛、形同夫婦。

(二)西洋結婚的禮儀

1.結婚前，待準備事項甚多，包括婚禮禮服的裁製或選租；結婚戒指的選定；婚禮的邀請函、酒會、餐會或舞會之準備；外出渡蜜月之計畫；男女儐相之選定製裝；教堂之訂定；教堂及酒餐會之佈置及音樂之配備；

結婚啟事之刊登等。

　2.通常結婚之花費，均由女方家長負擔。

　3.結婚宜向至親好友、同事同學寄發請柬，邀請參加婚禮。此項請柬，例皆由女方之父母具名，樣式如下：

　例一：　僅邀請參加婚禮：

Mr. and Mrs. Henry Ling

request the honour of your presence

at the marriage of their daughter

Jenny

to

Mr. Andrew Hamilton

Saturday, the twenty-ninth of April

at four o'clock

Church of the Providence

Orange County, New Jersy

　例二：　邀請參加婚禮及酒會：

Mr. and Mrs. Henry Ling

request the honour of your presence

at the marriage of their daughter

Jenny

to

Mr. Andrew Hamilton

Saturday, the twenty-ninth of April

at four o'clock

Church of the Providence

Orange County, New Jersy

and afterwards at the reception

54 Garsfield Street

R.S.V.P.

　僅發邀請參加婚禮之請柬，至親好友需邀請參加酒會者，在請柬中附上邀請參加酒會卡片，此方式常被使用。卡片用詞簡單，僅書

Reception

immediately following the ceremony

54 Garsfield Street

The favour of a reply is requested

4.婚禮多在教堂舉行，應注意事項如下：
　⑴家屬及應邀之親友宜提前入教堂。通常教堂之座位右側為男方親友，左側為女方親友。抵教堂後即入座。
　⑵應安排招待員招呼席位。
　⑶新郎及男儐相 (Best Man) 宜於行禮前十分鐘抵教堂，由側門進入教堂神職人員之書房休息。
　⑷新娘宜準時抵達，可在走廊稍候。
　⑸典禮開始，奏起結婚進行曲後，新郎則由男儐相陪同，在神父 (牧師) 率領下，緩緩進入神壇，神父 (牧師) 登壇面對觀禮人。新郎則由男儐相陪同站立神壇前右側。繼女儐相 (Bridemaids)、伴娘 (Maid of Honor)、花童 (Flower Girl) 在招待員帶領下，相繼進入。
　⑹新娘則由其父挽手攜伴，最後進入神壇前，情形如下：

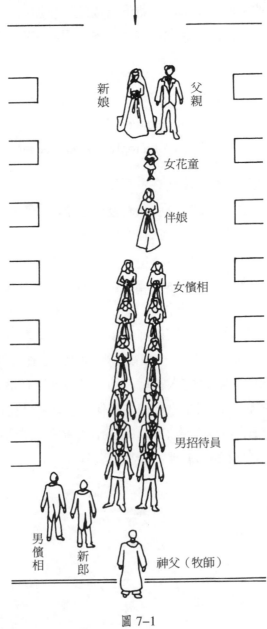

新娘　父親

女花童

伴娘

女儐相

男招待員

男儐相　新郎　神父（牧師）

圖 7-1

5.舉行婚禮時，新郎新娘及男女儐相等之站立位置如下：

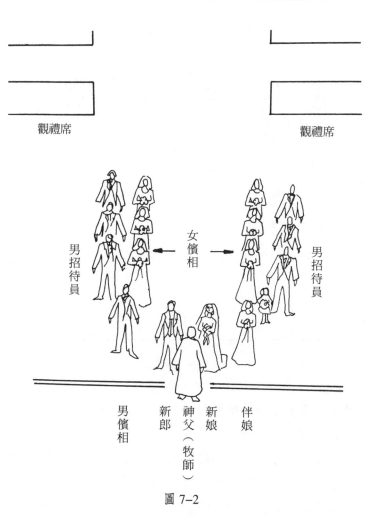

圖 7-2

6.典禮畢，新郎新娘向後轉，新娘以左手挽新郎右臂退出教堂，在接受親友祝福下，登車離去。

7.酒會或餐會由女方父母出面柬邀。酒會場合例由新娘及新郎之母親出面介紹賓客，如圖 7-3：

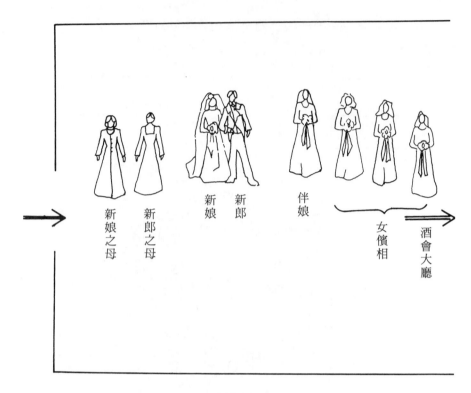

圖 7-3

8.酒會中，新郎新娘開舞後，其他賓客即可起舞。如係餐會，則在甜點上桌後，始可起舞。

9.在餐會中，新郎新娘切蛋糕通常在主餐食畢該上甜點時始為之。

10.結婚前一天，結婚當事人、伴娘、男女儐相及家長等前往教堂預演。晚由男方家長負責晚宴招待，此項晚宴稱為「預演晚餐」(Rehearsal Dinner)。習慣上必須邀請至親參加，且宜發帖束邀。

以上為一般在教堂舉行婚禮及婚禮後招待會應注意的禮節。實際上，除在教堂舉行婚禮外，亦有依其他方式結婚者，茲介紹如下：

1.家庭式婚禮 (House Weddings)：即大戶人家擁有華廈者，在自宅舉行婚禮，其儀式與教堂舉行者同，亦請由神父或牧師主持。

2.牧師住宅舉行之婚禮 (Marriage at the Rectory)：結婚當事人不願在教

堂舉行者，亦可移地點在牧師住宅舉行，仍由牧師主持，禮成再赴餐館或俱樂部舉行婚宴慶祝。

3.民間式婚禮 (Civil Marriages)：結婚當事人限於財力，無力鋪張，或因有某種苦楚，不擬太公開，則可簡化，在自宅舉行婚禮。邀親友二人作證人，請法官或地方保安官來寓福證即可。新娘新郎可不必穿結婚禮服，亦可不邀公證人以外之親友參加。

4.軍人式婚禮 (Military Weddings)：如新郎係軍官，例在教堂婚禮完畢後，著戎裝之男招待員，分列走道兩旁，在領隊口令下，舉劍搭成一串穹門狀，讓新郎新娘通過。天氣良好之日，亦可在教堂入口處舉行。

5.其他有關二度梅之婚禮，多儘量從簡；可在教堂、牧師住宅，或在自宅舉行，婚禮儀式與初婚同。

(三)結婚紀念

婚姻乃終身所繫，大家都期望百年好合，或白頭偕老。一旦結為夫妻，甘苦同命，成為終生最親密的伴侶。因此每逢結婚紀念日，莫不列為重要之日而不忘慶祝。西洋人為誌紀念，將結婚一週年至七十五週年中，較為關鍵者予特別之命名，一般國人多不諳其詳，茲列述如下，俾供參考。

1.結婚一週年：紙婚 (Paper Wedding)

2.結婚二週年：棉布婚 (Calico Wedding)

3.結婚三週年：羊布婚 (Muslin Wedding)、皮革婚 (Leather Wedding)

4.結婚四週年：絲婚 (Silk Wedding)

5.結婚五週年：木婚 (Wood Wedding)

6.結婚六週年：鐵婚 (Iron Wedding)

7.結婚七週年：銅婚 (Copper Wedding)

8.結婚八週年：電器婚 (Electric Appliance Wedding)

9.結婚九週年：陶器婚 (Potterly Wedding)

10.結婚十週年：錫婚 (Tin Wedding)

11.結婚十一週年：鋼婚 (Steel Wedding)

12.結婚十二週年：麻婚 (Linen Wedding)

13.結婚十三週年：花邊婚 (Lace Wedding)

14.結婚十四週年：象牙婚 (Ivory Wedding)

15.結婚十五週年：水晶婚 (Crystal Wedding)

16.結婚廿週年：瓷婚 (China Wedding)

17.結婚廿五週年：銀婚 (Silver Wedding)

18.結婚卅週年：珍珠婚 (Pearl Wedding)

19.結婚卅五週年：珊瑚婚 (Coral Wedding)

20.結婚四十週年：紅寶石婚 (Ruby Wedding)

21.結婚四十五週年：藍寶石婚 (Saphire Wedding)

22.結婚五十週年：金婚 (Golden Wedding)

23.結婚五十五週年：翡翠婚 (Emerald Wedding)

24.結婚六十週年：鑽石婚 (Diamond Wedding)　(Diamond Jubilee)

25.結婚七十五週年：鑽石婚 (Diamond Wedding)　(Diamond Jubilee)

摘　要

　　育的範圍很廣，養育、教育、各種訓練，都是育的範圍。本章探討育的禮儀，主要著重於社交場合中，有關育方面應注意的禮節，包括了交友之道及訪問、接待和饋贈的禮儀。第一節所介紹的交友之道，中外朋友皆可適用。第二節所探討的訪問的禮儀，包括普通的拜訪、探病、赴約、送迎往來和與外國人士交談應注意的事項，多為我國人應多認識並體會的項目。第三節所探討的接待的禮儀，在介紹自己當主人時，應行注意的禮儀。而第四節所述饋贈的禮儀，旨在介紹送禮要注意的事項和禮節，當有助於同學們日後的社交生活。第五節介紹中西結婚禮儀應注意的法律要件及實質要件，盼有情人終成眷屬，並永遠記得結婚紀念日，如銀婚（25週年）、金婚（50週年）、鑽石婚（60週年）。

第八章

樂的禮儀

　　隨著國民所得的增加，生活水準的提高，以及社會的日趨開放，休閒和娛樂活動，已為一般人民重要休閒和娛樂活動，多為群體的活動，因此必須尊重群體的紀律和環境的維護，同時也必須愛惜自己，注意自己的形象。這些休閒娛樂的活動，包括舞會、電影、音樂會、觀劇、園遊會、爬山郊遊和體育活動等。

第一節　　舞　　會

一、舞會的種類

　　舞會 (ball, dance) 係指一般外交及社交場合舉辦的舞會而言，並不包括有舞女伴舞的舞廳及商業化的迪斯可 (disco, discotheque) 在內。一般而言，ball 係較為正式，包括不同年紀和友人參加的舞會，而 dance 係指同一年紀友人參加的舞會。如以節目性質之不同，又有茶舞 (tea dance)、餐舞 (dinner dance)，及不邀餐敘，僅僅跳舞的餐後舞 (after dinner dance) 等。目前在國內，每逢聖誕節和新年，各大飯店均推銷餐舞，而許多青年學生的社團活動舉辦跳舞的也很普遍，甚至臺北市和高雄市兩市市政府，也先後舉辦了雷射晚會，鼓勵大家跳舞。

　　一般而言，請柬上註明是 ball 的舞會較為正式，有時主人要求與會客人穿禮服，與酒會或餐會合併舉行，並有樂隊伴奏。至茶舞、小型舞會、迪斯可，或餐後舞，則不一定有樂隊伴奏，但有音響或鋼琴伴奏。茶舞多為飯店利用下午餐廳空檔舉辦者。至歐美社會，尤其是古時宮庭時代，為求舞會之情趣，即流行化妝舞會，其中蒙面舞會 (masquerade) 例皆穿禮服，但以面具蒙面，各顯神怪，藏住自己的廬山真面目，而幻象服舞 (fancy dress dancing) 則各著奇裝異服，裝扮成阿拉伯王子、中古時武士、吉普賽人、水手等，以化裝為主，不必戴面具。此種舞會，雖曾經沒落，近來似有復興

之趨勢。

二、舞會的時間和地點

　　國內的酬酢活動中，舉辦舞會的活動較少，這是因為舞會乃西洋人的娛樂活動，在歐美的社會中，人人皆能聞歌起舞，但在國內，並非人人善舞，除青少年外，中年以上能舞的人口，畢竟不多，何況國人居住的空間，遠不如歐美人家，要辦舞會，也受到地點的限制。目前國內邀請跳舞，很少係由主人單獨舉辦者，多邀請友好二、三對參加大飯店舉辦的餐舞節目，故對舉辦舞會應留意事項較為陌生。在時間方面，舞會通常均在晚宴之後，即約晚上九時以後舉行，而於清晨一時或二時結束。如係在寓所舉行，必須顧及鄰居之安寧，而於午夜前結束為宜。至午後之茶舞，一般家庭自行舉辦的少，而在大飯店中有的有茶舞的節目。在地點方面，寓所限於設備，能自行舉辦舞會的不多，一般多利用俱樂部或大飯店，而以俱樂部為佳。舞會的邀請，一如晚宴，請柬宜於二週前寄發，被邀者於接到請柬後，應即回答是否參加，俾主人能作準備。

三、舞會應注意的禮儀

　　舞會時，賓主之間的招呼，如何開舞、伴舞、搶舞伴，及請女賓跳舞等，必須合乎禮，止乎節，大致如下：

㈠主人應注意的禮儀

　　1.男女主人必須招呼男女主賓至舞池邊安排好的座位，並介紹其他來賓與主賓相見。

　　2.男女主人應留意為無舞伴之男賓或女賓介紹舞伴。

　　3.舞會中宜請友好兼作招待，免使舞會進行時，會有賓客冷落一旁。

　　4.一般而言，男主人必須邀請女主賓共舞至少二次，否則會失禮。

5.男主人應邀無男伴之女賓共舞，不能任無男伴之女賓冷落。

㈡開舞的禮儀

1.舞會必須由男主人邀女主賓及女主人伴男主賓率先開舞，其他賓客始得入舞池跳舞。

2.如係結婚之舞會，則必須由新婚夫婦領先開舞。

3.如係一般家庭舞會又無男女主賓，則可由主人夫婦開舞，或由賓客中年長者及官階較高者開舞。

4.其他賓客必須等主人夫婦進入舞池後，始得進入舞池跳舞，不得技癢率先進入舞池。

㈢邀請共舞的禮儀

1.欲邀在場之女賓共舞，必須先徵求同意，其方式並非直接向女賓請求，而是：

⑴有夫之女賓，必須徵求其夫之同意；

⑵有未婚夫之女賓，必須徵求其未婚夫之同意；

⑶陪伴父母與會之未婚女士，必須向其父徵求同意。

2.原則上，男士可請求任何在場之女賓共舞。被請求之男士，即女賓之男伴不應拒絕。

3.除非極為熟稔友好，女士不宜主動請求男士共舞。

4.如女士無意與某男士共舞，而某男士又有請求，則女士不宜直接拒絕，可託詞離開，如到走廊或花園透氣等。

5.如男女主人介紹男女雙方共舞，則任何一方均不得拒絕。

6.邀舞時，男士應俟樂隊奏起音樂，趨向舞伴前，頷首致意，獲答允後，即可伴入舞池共舞。

㈣伴舞的禮儀

1.一般而言，邀得女伴進入舞池，宜讓女伴前行，男士隨後，一起進

入舞池，不宜挽臂而行，除非場地寬敞，空間很大。

2.舞畢，男士應伴女伴回座，並頷首致謝。如該女伴有男伴在側，如其夫，或未婚夫，或父親，亦應向該男伴道謝。

3.一般而言，男士不必亦不應專伴一人，如其妻，或未婚妻，或是女友跳舞，但禮貌上，第一支舞曲及最後一支舞曲，應與自己之女伴共舞。

4.舞曲與舞步應相符，倘自己不諳舞步，則不宜勉強邀人共舞。亦不宜我行我素，自行獨創舞步，或胡亂應付。

5.跳舞時，應求端莊。摟擁女伴應有分寸，不宜輕薄，更不可有性騷擾。

6.跳舞中切勿轉邀他人而放棄自己的舞伴。

第二節　歌劇及音樂欣賞的禮儀

觀劇及欣賞音樂為較高品味的娛樂活動。在歐美國家都有國家劇院 (national theatre) 及國家音樂廳 (national concert hall) 乃至各大都會的文化中心之設，作為歌劇、芭蕾舞、交響樂團、合唱團等表演的場所，而每個國家無不扶持具有代表性的芭蕾舞團、劇團、合唱團、交響樂團等，從事宣揚文化的活動。我國也由於經濟的發展，國民所得的提高，設於中正紀念堂內的國家戲劇院和國家音樂廳也已落成，而國父紀念館，乃至各市的文化中心，亦美輪美奐，使國人有了機會欣賞更具水準藝團的演出，因此瞭解應有的禮儀，乃至為必要。

所有國家劇院及國家音樂廳對觀眾的要求，大體上均雷同。這些應注意事項，構成了基本的禮儀，依我國國家戲劇院及國家音樂廳的規定，要求觀眾應注意事項如下：

1.一人一票，憑票入場。

2.除兒童節目外，不得攜帶一一○公分以下兒童進入演出場所。

3.非經許可，不得攜錄音機及攝影機入場。若私自攜入而被發現有錄

音及攝影之行為，將立刻沒收機件，俟散場後歸還。

4.必須準時入座，遲到觀眾須待休息時再行入座，而在節目演出中不得離席。

5.不得攜帶食物或飲料進入演出場所。

6.不得在演出場所吸煙或嚼食口香糖。

7.衣著必須整齊，不可穿著拖鞋、短褲。

8.勿於演出中喧鬧或走動。

9.不得攜帶寵物入內。

10.務必保持清潔，愛護公物。

事實上，由於我國家戲劇院及國家音樂廳雖具有國際水準，但一般民眾對應有的禮儀仍多未適應。如較之先進國家所講究的禮儀，國人尚須注意下列各點：

1.養成到國家劇院及國家音樂廳觀劇或欣賞音樂，必須盛裝以赴的習慣。在國內至少男士著深色西服，女士著長服。歐美國家的國家劇院，如英國和法國，均要求著禮服，幾乎到如未著禮服則不賣票的地步。而阿根廷的哥郎劇院於季節開始之揭幕演出均要求著禮服，遇有招待國賓，亦常要求著禮服。

2.養成習慣，提早於卅分鐘前到場，先索取節目表，瞭解演出的內容。一般的國家劇院約於演出卅分鐘前入座，而於演出前約三分鐘左右即閉門，場內電燈逐漸關熄，要求觀眾不得走動。

3.不得在演出中鼓掌叫好，或向舞臺擲花，或在中場上臺獻花。須知芭蕾舞、歌劇、交響樂團及合唱團之演出較為嚴謹，只有每節結束及終場始得鼓掌，而於節目演出完畢時方可獻花。

4.必須保持肅靜，除不得喧鬧外，並應極力忍耐，不打噴嚏、打嗝、打呵欠及放屁，或交頭接耳討論劇情。

第三節　藝術欣賞的禮儀

藝術不僅可調劑精神，並且可啟發人的智慧，使心靈得到恬靜，充實人生。現代的社會，由於工商發達，整天為工作緊張忙碌，似乎缺乏了生活的情趣。尤其舊的理念逐漸泯滅，新的價值觀念又未得到適當的定位，於是社會上充滿了虛脫的現象，沒有了美感，著實更需要藝術的調劑。

藝術的範疇包羅萬象，欣賞藝術的機會和場合也很多，若論藝術欣賞的禮儀，應以參觀博物館最被講究。每個國家均有博物館，美術館或藝術館。到這些國寶級的博物館參觀，規定甚多，一般應注意的事項如下：

1. 進入參觀必須購門票。
2. 必須遵守博物館所訂的規則。
3. 必須保持肅靜。
4. 不得攜帶手提物品進場，包括照相機、隨身聽、食品等。
5. 進入博物館後，不得觸摸展出品，如畫、化石、玉石、古物等。
6. 在博物館內絕對禁止攝影。
7. 必須在指定範圍內參觀，不得踰越禁止線。
8. 不得在博物館內吃零食。
9. 如攜兒童入內參觀，必須妥為看住兒童，不得喧鬧或任憑奔跑。
10. 不得在博物館內丟紙屑或吐痰。
11. 倘患有重感冒引起嚴重咳嗽，則不宜進入參觀。
12. 不得順手牽羊，偷取公物。
13. 不得在博物館內吸煙。
14. 尊重導遊之解釋介紹，不得隨意干擾。

此外，任何國家的文物，皆有綿延久遠之歷史，其所代表的文化意義，非走馬看花就可窺其究竟。為窮其深妙，窺其堂奧，不妨索取文物目錄，先行閱讀，再印證古物，這樣參觀博物館才會有所得。

至參觀藝術館、現代博物館、文物館等，所應注意的禮儀與參觀博物館類似。而現代手工藝陳列館、陶瓷館及木彫館等，則允許觸摸鑑賞。除上述各館外，畫廊、展覽場，乃至大飯店走廊的藝術品展覽，越來越普遍。到此類場合欣賞藝術則較自由，但仍須自我尊重。

第四節　電影欣賞的禮儀

電影欣賞為目前國內最為普遍的娛樂活動，到處均有電影院。但是較之歐美先進國家，國內的電影院顯得髒亂嘈雜，缺乏公德心的觀眾甚多，對即將邁入已開發國家的我們，勿寧是件有失顏面的事。

一般而言，電影欣賞的禮儀如下：

1.隨著社會的日趨開放，電影的限制也日漸放鬆，具暴力、恐怖，或色情的影片，不適兒童觀賞，因此必須嚴格遵守電影的限制級數，人人自愛。在歐美國家限制成人觀賞的影片，即禁止青少年及兒童入內觀賞。

2.一般電影院必須購票進場，對號入座。

3.必須於影片放映前，提前入座，排隊入場。

4.由於座位狹窄，必須坐姿端正，避免騷擾鄰座。

5.唱國歌時，必須起立，肅穆齊唱。

6.切勿在電影院內吃零食、啃瓜子、冰淇淋及汽水等，此為目前國人最大惡習，為髒亂的根源。

7.不得隨意丟棄票根、紙屑、口香糖渣及其他垃圾。

8.電影放映中，必須肅靜，不可交談、討論劇情。

9.電影放映中，避免走動。

10.切勿在電影院中吸煙，製造空氣污染。

11.倘患感冒、咳嗽、氣管炎等疾病，應避免進入電影院。

12.倘入場時燈光已暗，應候帶位員帶位。

13.遇座位劃位有重複，應避免爭吵。原則上先坐者優先，可請影院售

票處換位。

　　14.影片放映途中，不可鼓掌或吹口哨叫好。

第五節　俱樂部的禮儀

　　在歐美地區，俱樂部已成為一般人休閒娛樂活動的場所，一般多採取會員制，具有參加意願的人士，繳納入會費後，即成為會員。有些則採自由申請，此等俱樂部屬體育方面的，如田徑俱樂部、網球俱樂部、游泳俱樂部、賽馬俱樂部、高爾夫俱樂部、健身俱樂部、遊艇俱樂部、登山俱樂部等，屬職業領域的，如銀行家俱樂部、教師俱樂部、軍人俱樂部等，屬於宗教團體的，如基督教青年會 (Y.M.C.A., YMCA, Young Men's Christian Association)，基督教女青年會 (Y.W.C.A., YWCA, Young Women's Christian Association) 等。

　　俱樂部乃容納興趣相同的人士參加的組織，一般均附設有完善的休閒設施，如餐廳、圖書室、游泳池、健身房、網球場、電影室等，由於不對外開放，所以均訂有規則，會員必須遵行。一般而言，參加俱樂部應行注意的禮節如下：

　　1.會員出入必須憑會員證。

　　2.會員邀請親友到俱樂部聚會，必須先向俱樂部申請邀請函或卡，列上親友姓名，親友再憑函或卡進入俱樂部。

　　3.一旦進入俱樂部必須遵守俱樂部的規則。

　　4.倘俱樂部有性別限制為純男人俱樂部或純女人俱樂部者,作為異性,必須尊重此種限制。

　　5.俱樂部內之設施多收費，必須憑票進場。

　　6.有些俱樂部對進入餐廳用餐之服裝有特別規定，如需穿西裝打領帶始能進場者，個人必須尊重。

　　7.一般俱樂部的餐廳為增加收入，多不排擠會員邀請其友好在俱樂部

的餐廳用餐，但被邀賓客如屢被邀請，會遭其他會員之批評。

8.在俱樂部圖書室閱讀，必須遵守一般圖書館之規定，保持肅靜，不得隨便與人搭訕交談。

9.一般俱樂部均有庭院設施，切忌採花折木。

10.攜帶兒童進入俱樂部，必須留意兒童，在某些場所不得喧嘩吵鬧。

11.會員證不得隨意借給他人使用。

第六節　園遊會的禮儀

一般外交場合，尤其是歐美國家，為慶賀元首就職、國慶、較盛大之歡迎會、皇室婚禮，乃至招待外國使節等，常於午後三時至日暮，在花園舉行較為自由活潑，節目又多樣化的園遊會 (garden party)，此種型式之招待會，主人會在庭院中安排歌舞表演、音樂演奏、遊戲、球賽等節目助興，並準備點心、甜點、冷飲、雞尾酒、咖啡、茶等，供賓客自取，亦有侍者服務。有些正式的園遊會主人為求隆重，常規定穿禮服，賓客須盛裝以赴，有些非正式的園遊會則較輕鬆，穿便裝即足。在國內，園遊會多盛行於校園，因節目多樣化，且生動活潑，頗為學生喜愛。

園遊會應注意的禮節如下：

1.園遊會須視天候的變化而留意佈置，如係風和日麗，主人宜留意搭篷或置太陽傘，如係陰天，更要考慮下兩時，如何讓客人棲身遮雨。

2.正式的園遊會中，達官貴人有年高者，婦女穿高跟鞋也不宜久站，故必須酌備桌椅，供賓客稍坐。

3.主人必須於花園入口處接待賓客及送客。接待賓客時，必須與賓客握手致意。

4.俟主賓蒞臨，主人可陪同主賓入園，如主賓係元首或總理，在園內之賓客必須起立致敬。

5.主人與女主人陪同主賓遊園時，宜安排親友中較具地位或聲望者，

替代自己在入口處迎賓。

　　6.因園遊會規模較大，主人無需一一招呼客人進飲料或取食。

　　7.國內校園舉辦之園遊會，常設置各種小吃攤，宜注意方便取食及垃圾之回收，尤宜注意配合環境，予以美化。

　　8.參加遊園之客人，盡興離去時，如主人已不在入口處，則不必等候主人告辭，可逕自離去。

　　9.園遊會之出席時間，在請帖所示時間內，可悉聽尊便，但如係為歡迎元首或總理之場合，自宜準時參加為宜。

第七節　　運動的禮儀

　　運動的項目繁多，以目前我國單項運動的協會就有一百多個（亞、奧運有項目的則有四十個），如田徑、拳擊、柔道、摔角、跆拳道、國術、自由車、馬術、體操、射擊、游泳、射箭、各式球類等。參與運動，不但為健身，為鍛鍊自己的毅力，且可交友，若干運動項目如高爾夫球，且已成為外交折衝、政治密商、工商交易等最佳進行的場所。故運動除成為最普遍的休閒活動外，並逐漸成為社交生活的一部分。

一、運動應注意事項

　　運動的項目很多，但一般應注意事項大致雷同，茲簡述如下：

　　1.每種運動方式不一，必須在合適的場地實施，如棒球使用棒球場、田徑使用田徑場、射擊使用靶場等。

　　2.每種運動均有危險性，必須注意安全。

　　3.每種運動均釐訂有完整的運動規則，無論是練習或比賽，必須恪遵運動規則。

　　4.運動是群體活動，必須注重團隊精神，維護團體榮譽。

5.運動須發揮運動精神，運動精神的精華，在公平競爭、爭取勝利，且必須敗不餒、勝不驕，自強不息。

6.運動因可強身，但有時也會害己。倘自己健康情形不允許，絕勿勉強或逞強去運動，不然不但會造成傷害，若有心肌梗塞、心律不整者，且會造成猝死的可能。

7.若干運動，必須恪遵公共道德，如具有傳染性皮膚病者，切勿下池游泳。

8.運動比賽時，不許造假矇蔽，運動員更不許使用藥物取巧。

9.運動不分種族、宗教、政治、性別或貧富，不要有歧視。

10.每種運動要求的服裝不一，必須嚴格遵守。

11.比賽時，必須服從裁判，不得抗命。

12.場地必須妥予維護，任何器材不得加以破壞。

13.運動員必須愛護自己，注意自己之生活起居。

二、運動員應具備的禮儀

1.所有運動比賽固比高下，分勝負，但不得將對手視為敵人。

2.運動員間常互換紀念品如隊旗或紀念章，收人家的紀念品，也要回贈人家。

3.絕對遵守裁判的執法，不得作無禮的表示。

4.比賽時，不得以小動作干擾對方，更不可以陷害方式謀算對方。

5.遇對方勝利，應予道賀。倘自己勝利，對手作道賀的表示，則應答謝。

6.比賽前及比賽後，勿忘相互行禮或致意，作友善的表示。

7.比賽時，如觀眾喝倒彩，不宜有厭惡或不友善的表示，應虛心與賽。

8.遇有爭執，切忌動粗互毆。

9.隊友間應相支援，切忌跋扈或耍大牌。

10.平時比賽時，應服從教練的指導。

第八節　出國旅遊之辦理及應注意事項

隨著國民所得的提高，國內有關人民出國與大陸政策的日趨開放，出國旅遊人士已日見增多，出國旅遊已成為國民正當的休閒活動的一部分。

一、出國旅遊的辦理

㈠旅行社之功能

出國旅遊，從辦理出境手續、申辦護照、辦理外國之簽證、旅館之預訂，到各地之交通及飲食等，如個人獨力辦理，可謂千頭萬緒，費時費錢，難以辦妥，不如交由旅行社代辦較為迅速省事。旅行社固然向顧客收取費用，但較之自行辦理，仍屬經濟。

旅行社乃介於航空及輪船公司與一般旅客間之旅遊服務業者，其中，有的旅行社代理國外航空及輪船公司，在國外亦有其代理，及特約之旅館，故對於安排旅遊，不但較為專業，抑且可靠。旅行社利潤的來源，並非全賴參加旅遊顧客所繳的費用，實際上大部分來自向航空公司等收取的回扣。

旅行社辦理的業務如下：

1. 代理顧客辦理入出境手續。
2. 代為申辦護照、加簽及赴外國之簽證。
3. 代訂機位及船位。
4. 代為預訂國外之旅館。
5. 代為辦理旅客保險。
6. 代為辦理旅客貨物之交運。
7. 組旅行團出國旅遊。
8. 代為辦理留學及短期講習。

9.代為辦理海外移民及投資事宜。

(二)出國旅遊的辦理

在民國七十八年六月二十三日前，人民出國，依其從事旅遊目的之不同，及申請人從事行業所屬，必須先向有關主管機關申請，俟主管機關核准後，始得申請出入境證，再憑出入境證辦理護照。現在新的護照條例頒布實施後，已簡化了國人出國申請的手續，各種出國事由已取銷，國民出國觀光規則也已廢止，目前除役男及國軍人員外，一般人民之出國，已不需由有關單位核准了。

1.辦理護照

普通護照申請人可向外交部領事事務局申辦護照。國民在國外申請普通護照者，則向駐外使領館或外交部授權機構申請。所需填具之資料表格如下：

(1)普通護照申請書。

(2)繳驗身分證件，包括國民身分證、舊護照、僑民登記證等。

(3)護照用照片二張（長寬各五公分，正面脫帽半身彩色照片）。

外交部於收到申請案件後，於三日內即可辦妥護照。

2.使用護照應行注意事項

護照辦妥後，必須在內頁註明簽名處自己簽名，千萬不可請人代簽。

持照人不得與他人合領一本護照；非因特殊理由，經外交部核准者，亦不得同時持用超過一本之護照。由於新護照條例以一人一照為原則，故早期與父母合持一本護照之所謂小留學生，已可申請單獨持用之護照。護照上所載事項，如姓名、出生年月日等有錯誤，得依規定申請加簽修正。

持照人所領護照，如經遺失或破損不堪使用者，得依規定申請補發或換發新護照。惟其效期不得超過原持護照所餘效期。

護照效期屆滿後，持照人仍須持用時，應向外交部或駐外使領館或外交部授權機構申請延期加簽。

持照人遺失護照應檢同遺失證明文件向外交部或駐外使領館或外交部

授權機構申請補發。

　　持照人有下列情形之一者，外交部、駐外使領館或外交部授權機構得扣留或撤銷其護照並依規定處理：

　　　　⑴護照經查明係不法取得或經變造者。

　　　　⑵涉嫌犯罪經司法院或法務部通知外交部者。

　　　　⑶有事實足認為有妨害國家安全或社會安定之重大嫌疑經司法機關
　　　　　通緝並通知外交部者。

㈢如何辦理外國之簽證？

　　1.無論赴任何一國，必須獲得該國之簽證。

　　2.在臺北有大使館者，向駐華大使館申辦，無邦交國家在華之辦事處大部分亦受理簽證。

　　3.大部分簽證可委託旅行社辦理。

　　4.一般申辦簽證應備文件如下：

　　　⑴護照

　　　⑵來回機票或購票證明

　　　⑶本人最近二吋正面半身脫帽照片

　　　⑷黃皮書（部分國家仍要求黃皮書）

　　　⑸戶籍謄本（美國在臺協會之要求）

　　　⑹財產證明（美國在臺協會之要求）

　　　⑺入學許可證（如係留美國之學生，必須提送 I-20）

　　5.一般國家核發外國人之簽證均甚嚴格，過境或停留，單次或多次，於申請時，應寫明爭取。

　　6.辦理外國之簽證有時曠時甚久，宜提早辦理。

㈣訂購機票

　　1.由於機位難求，行程決定，即宜儘早經由旅行社或直接向航空公司訂購機票並訂位，續程及回程之機位亦宜一併訂妥。

2.機票於一年內有效。

3.在美加地區銷售之來回廉價機票，多規定不能搭乘星期五及週末、週日之班機，必須預早訂位。

二、出國旅遊前應注意之準備事項

出國旅遊，不同於國內的旅遊觀光，許多事項應予先注意。茲分述如後：

1.出國前宜作全身健康檢查，以免旅途發病。

2.宜先研訂行程表，熟悉目的地之風土人情，對欲拜訪之親友，應先連絡，告知抵離之班機確期。

3.國外之旅館宜先訂妥，以免向隅。

4.出發前應檢查下列證件是否已齊備：護照、簽證、飛機票、黃皮書、個人脫帽半身照片若干張。護照、機票、簽證等，最好影印一份隨身攜帶，俾一旦證件遺失，便於申請補發。

5.出國所攜帶之行李，宜掛上行李牌。牌上寫上自己之中英文姓名及住址，俾遺失時，便於尋找。

6.機位應於出發前二十四小時再予確認。

7.出國前先向中央銀行指定辦理外匯之銀行結匯。應注意，出境旅客所能攜帶之外幣有限制。外幣總值為美金一萬元，新臺幣不得超過六萬元，人民幣二萬元為限。超過上述限額時，應事先向財政部申報，否則查出將予沒收。結匯現金部分不宜多，並應酌備少數小額現鈔，俾旅途付小費用。旅費大部分以購旅行支票為宜，購妥旅行支票後，應即在支票左上角簽名。簽名樣式必須和購票合約書相同，萬一支票遺失或被竊，可立即辦理掛失。以旅行支票支付時，應當著收受者面前，在支票左下角簽名。

8.出國前二十四小時前，應將出境證送交所搭乘之航空公司代為申報出境，否則無法登機。

9.搭機時，宜提早兩個小時前抵達機場辦理手續。航空公司均要求旅

客至遲於四十五分鐘前到達機場辦理手續，因遲到而無法登機之旅客，航空公司不負任何責任。

　　10.行李箱應以堅固耐用者為佳，以免中途破損。但應注意，赴美旅客免費托運之行李以兩件為限，每件體積之總和不得超過六十二英吋，隨身行李以一件為準。除赴美以外地區，行李皆以重量計算，以華航為例，經濟艙每人限二十公斤，頭等艙每人四十公斤。

　　11.應留意地區緯度之不同，而準備衣著。衣服以輕便、舒適、免燙、易洗者為宜。長途旅行在機艙中，宜備毛衣、外套禦冷氣帶來之寒意。

　　12.自己常患之疾病，宜酌備藥品隨身攜帶。

　　13.各國皆管制農產品之入境，送國外親友之禮品，切忌攜帶農產品。

三、登機前應注意事項

　　1.必須注意勿攜管制及違禁物品出境。依財政部關稅總局出境報關須知所列，下列物品禁止攜帶出境。

　　　⑴未經合法授權之翻製書籍、錄音帶、錄影帶、影音光碟及電腦軟體。

　　　⑵文化資產保存法所規定之古物等。

　　　⑶槍砲彈藥刀械管制條例所列槍砲（如獵槍、空氣槍、魚槍等）、彈藥（如砲彈、子彈、炸彈、爆裂物等）及刀械。

　　　⑷偽造或變造之貨幣、有價證券及印製偽幣印模。

　　　⑸毒品危害防制條例所列毒品（如海洛因、嗎啡、鴉片、古柯鹼、大麻、安非他命等）。

　　　⑹野生動物之活體及保育類野生動植物及其產製品，未經行政院農業委員會之許可，不得出口；屬 CITES 列管者，並需檢附 CITES 許可證，向海關申報查驗。

　　　⑺其他法律規定不得出口或禁止輸出之物品。

　　2.攜帶出境之行李並非漫無限制，出境旅客及過境旅客攜帶自用行李

以外之物品，如非屬經濟部國際貿易局公告之「限制輸出貨品表」之物品，其價值以美金二萬元為限，超過限額或屬該「限制輸出貨品表」內之物品者，須繳驗輸出許可證始准出口。

3. 出境旅客如有下列情形之一者，應向海關報明：

(1)攜帶超額新臺幣、外幣現鈔、人民幣、有價證券（指無記名之旅行支票、其他支票、本票、匯票、或得由持有人在本國或外國行使權利之其他有價證券）者。

(2)攜帶貨樣或其他隨身自用物品（如個人電腦、專業用攝影、照相器材等），其價值逾免稅限額且日後預備再由國外帶回者。

(3)攜帶有電腦軟體者，請主動報關，以便驗放。

4. 到機場辦手續前，應向所搭乘之航空公司服務臺領回出境證。

5. 托運行李打開由海關人員檢驗後，應鎖好再放行。

6. 必須注意是由第幾號登機門 (Gate) 登機，及注意是否開始辦理出境手續。

7. 在出境室依序通過證照查驗臺後，於登機前須接受手提行李及人身之安全檢查，在候機室靜候航空公司宣佈登機後，持登機證排隊依序登機。

8. 一般航空公司皆先請頭等艙及商務艙之旅客登機，俟彼等登機後，再請經濟艙之旅客登機。

四、登機後應注意事項

1. 所有飛機的廁所均禁止吸煙。

2. 座椅如何仰臥、小桌如何使用，及其他事項如有疑問，應隨時問空中小姐。

3. 座位頂上端的架子，只能置放輕便的衣帽。手提皮包及行李，應置於座位下。

4. 長途飛行之班機上換穿拖鞋，已被普遍接受。

5. 空中服務員於起飛前所作如何穿救生衣，如何使用氧氣罩及安全門

在何處等，應留意聽取。

6.由於飛機座位狹窄，進出應向鄰座說一聲對不起 (Excuse Me)，過後勿忘說聲謝謝 (Thank You)。

7.經濟艙之廁所多在機尾。廁所之指示燈如亮出 Occupied 即表示使用中，如亮出 Vacant 即表示無人使用。

8.遇口渴可請求空中小姐供應飲水或飲料。一般航空公司，包括啤酒之酒類多已收費。

9.進餐時，應將前座背後之小桌拉下放妥，俾便空中小姐將餐盤放上。

五、過境時應注意事項

在長途飛行中，有的班機會在中途經過的國家或地區停留一小時左右，有的機場會准旅客下機，在機場過境室休息，這便是過境 (transit)。有時旅行途中，到某國之機場，自己並不準備出境入城，只希望在機場內候下一班飛機，這也是過境。過境時應注意事項如下：

1.機場對過境的旅客於下飛機時，會發過境卡，即 Transit Card，必須妥為收執，再登機時再繳回門口之機場服務員。

2.通常過境室內均設有免稅商店，有洋酒、洋煙、香水、紀念品店等，不妨稍走動，以舒展筋骨。

3.過境時間短促，應隨時聽廣播登機。

六、入境時應注意事項

1.飛機即將抵達，不妨先到洗手間整理一番儀容，及收拾手提行李。

2.飛機停妥，拿好隨身行李，排隊走出機艙。

3.一般外國的國際機場很大，從空橋到海關查驗室需走很遠，有的左轉右彎，因此必須注意前進方向的指示，隨同機旅客前走。

4.移民局之查驗會有本國人或有居留之外國人、外國人、外交人員等

不同之關卡。如並未具有外交人員亦未擁有居留權，自應在外國人 (foreigner) 關卡排隊候查。

5. 對移民官員之詢問，宜面帶笑容，有問必答，不必囉嗦，簡單回答即可。

6. 入境關卡通關後即到大廳行李區 (luggage claim area) 領取行李。

7. 海關對一般旅館之查驗行李都寬鬆。生鮮農產品不得入境，一般會被沒收銷燬。

8. 萬一行李遺失，應憑行李票填具行李遺失聲明單，向所搭乘航空公司查詢。如真的遺失，航空公司應負責賠償。

9. 離開海關，有腳伕可代搬行李，勿忘應付小費。在歐美國家許多機場都有自推搬行李車，亦可自行搬運。

七、離開機場應注意事項

1. 宜先到銀行櫃檯換錢，應索取小額鈔票及部分硬幣。

2. 宜即向航空公司確認繼續航程或回程之機位。

3. 如有人來接，宜耐心等待，倘等片刻未見人影，應打電話查明。

4. 如無親友接機，可搭機場到市區的巴士較為安全及方便。

5. 走出機場，勿忘校對時間。

摘　要

　　樂的範圍很廣，一般的休閒、娛樂和運動應注意事項，都是樂的禮儀。本章所探討的，是一般同學平時從事和參與的「樂」為主，包括舞會、歌劇、音樂、電影的欣賞、俱樂部、園遊會、運動等的禮儀，以及出國旅遊的辦理和注意事項等。第一節所討論的舞會，係指社交場合舉辦的舞會，所要注意的禮儀，都很嚴肅，並非如青年學生喜歡前往的迪斯可舞場那般隨便。第二節及第三節所探討的歌劇、音樂及藝術的欣賞，乃我們於國民所得提高，應注重生活品質的同時，應具有的修養。第四節所討論的電影欣賞的禮儀，當有助於改善我們的公德心。而第五節探討的俱樂部的禮儀，會有助於青年學生參與俱樂部活動的認識。第六節探討的園遊會的禮儀，著重在社交場合的園遊會。第七節所介紹的運動的禮儀，有助於同學參與運動，尤其是有國際競技場合時的自處之道。至第八節所討論的出國旅遊之辦理及應注意事項，詳細的探討了出國旅遊手續的辦理，出發前應注意事項及旅行中應注意的禮節和問題，相信對同學日後出國旅遊會有幫助。

第九章

辦公室禮儀

第一節　應對的禮儀

一、日常應對進退的禮儀，在第二章個人的禮儀中，已經介紹，至辦公室的應對的禮儀，應注意事項如下：

1.必須尊重辦公室的倫理，即：

　(1)職位的高低必須尊重；

　(2)年齡之長幼亦宜尊重；

　(3)男女同事間必須尊重和自重；

　(4)同事主管的工作，必須尊重。

2.必須尊重辦公室的規定，如：

　(1)上班時間，不准聊天；

　(2)進入主管的辦公室必須先敲門；

　(3)辦公室必須保持肅靜。

3.同事間的應對，公誼和私誼要有區分。於公有上下之分，於私則有友誼的深淺，要有分寸。

4.必須處處注意禮貌。碰面寒暄，先說「早安」，或「您好」；有事請託，勿忘用「請」；接受別人服務，勿忘道謝；有不週到處，勿忘說「對不起」。

5.對主管無論是公事垂詢，或稟報，乃至私下聊天，應持恭敬態度，作為主管者對部屬應維持主管的尊嚴。

6.在辦公室公洽，應守公共秩序，或利用會議室，或利用桌旁座椅洽談，避免站立辦公室中或走道間，妨害同事之精神。

7.談話勿高聲，以細聲為宜，並切勿縱情大笑。

8.養成公私分明之態度，在辦公室中不閒話家常，不縱橫古今，暢談天下大事。

9.男女有分，不逾越，不亂情。

10.應對間，不談他人隱私，不談公司之秘密，不幸災樂禍、挑撥離間、搬弄是非。

11.進出電梯、餐廳，乃至排隊打卡，應對女士禮讓。

12.主管召見，或有事請見，宜經由其機要秘書，切忌憑與主管之熟稔親密，而逕行直入，未經秘書之通報。

13.公事之商談，必須注意聆聽，抓住重點，確實發言，不可言不由衷，抓不住重點。

14.公事之洽商，養成記錄之習慣，與同事商談時，記下要點，遇有會議，應有會議紀錄。

15.熟記同事之姓名，稱呼時宜以其職位稱呼，不然宜冠某先生、某小姐等。

二、辦公室中接待訪客應對的禮儀，應注意事項如下：

1.如自己是接待員或秘書，對訪客進入辦公室後，應起身趨前迎接。先致意問候，再自行介紹，如：

「您好，您是劉經理嗎？我是張董事長的秘書，我姓林，張董事長在等您，請稍等，勞駕在會客室先坐一下好嗎？」

2.如訪客是不速之客，貿然走進辦公室求見老板，此時，應機智的招呼，如：

「您好，我是張董事長的秘書，我姓林，請問有什麼我可以效勞的？」如果他是表明來見董事長，那麼你應該馬上表示：「先生可否給我一張名片，好讓我通報董事長？」如果訪客堅不通報姓名，又不給名片，那麼你只好婉轉表示：「董事長的指示，訪客如不通報姓名及來意，歉難接見，我也沒有辦法通報。」等。

3.和氣生財，任何公司務須使訪客賓至如歸。因此如遇有困難不要有頂撞鬥嘴的情形。

4.接待訪客延入會客室坐下後，勿忘使工友奉茶及遞上報紙等，俾免客人有苦等的感覺。

5.倘董事長不願見訪客，不能據實以告，宜以其他理由婉拒，或安排

公司中其他主管接見。

　　6.如果求見的是公司同事，則不必像接待外賓一樣多禮，但仍需通報候傳。

　　7.如董事長在召開會議中，則一般的求見，包括電話等，應予婉告，不宜打斷會議之舉行。如係緊急重大事項，宜呈遞紙條報告。

　　8.一般電話的通訊，亦應予禮貌的回答，聲音不宜高昂，用詞必須有禮，不可顯出不耐煩的態度。

<h1 style="text-align:center">第二節　　電話禮節</h1>

　　在家裏、學校、公司行號，大街小巷都設置有電話或公共電話亭。這個名副其實的「傳聲筒」、「無形的接待員」確實做到了「傳達和溝通」的功能。電話已成為我們日常生活中不可或缺的工具。然而，人人要打電話，而偶而的一次小小疏忽也許會造成極大的錯誤。如何打電話？如何接電話？要怎樣措辭？必須注意那些禮貌？尤其是公司的櫃臺服務是否良好，要看電話的應對是否妥當而定。因此，我們必須注意電話禮節，學習電話禮節。茲分三方面說明如下：

一、一般電話禮節

（一）受話者須知

　　1.電話鈴響，應儘速拿起話筒，聽到對方聲音時，應先報自己的姓名或機關名稱，並應有禮貌的說聲：「早安（午安或晚安），您好！」

　　2.聲音力求清晰溫和，切忌粗聲厲語。話筒應距離嘴巴半吋。

　　3.語調要誠懇，如受話者非本人，宜請留言。記下對方姓名、電話，是否回電話等。

4.避免交談過久，佔用線路。

5.請問對方的職稱姓名時，要有禮貌地說：「請問是那一位？」如聲音聽不清楚時，應說：「對不起，聽不清楚，可否請您再說一次！謝謝。」

6.通話中如遇急事（如便急、爐中煮食物、有人急按門鈴、忽然大風雨必須去關窗子、小孩摔傷了……等），應說：「對不起，請不要掛電話，我馬上回來！」

7.電話交談中，如欲表達自己的意見，可以說：「對不起，請容我打岔一下！」

8.如發生爭論，要耐心地聽完對方的話後說：「我們約個時間，見面再討論好嗎？」切勿怒不可遏地掛斷電話。因為一次的失誤，可能導致感情破裂，協談不成，甚或影響個人形象。

9.「己所不欲，勿施於人」，在電話中儘可能給予對方誠實滿意的答覆。尊重對方的意見，提供正確非機密性信息，建立個人或機關有益的形象和信譽。

10.請勿在電話中中傷、詆毀對方或第三者。因誤會或錯誤常因之而產生。

11.受話完畢，應等對方先掛斷電話後，自己再輕輕地掛下話機。（並應隨時保持話筒的清潔。）

12.電話旁應放置記事本、筆以便隨時記錄。

(二)發話者須知

1.拿起話筒，按下正確的號碼，（如不慎跳號，別忘了說：「對不起，電話號碼記錯了。」或：「對不起，電話打錯了。」如為公共電話，聽到聲音，應即按下投幣口右下的紅鈕，再繼續講話，否則對方聽不到你的聲音。）應即說：「您早，我是王明或××公司，請問王老師在家嗎？」或：「您好，我是孫康，我可以請王老師聽電話嗎？」

2.在沒有確定接電話的人是否就是你要找的人之前，切忌直呼對方姓名。應確定後再稱呼對方姓名或職稱。

3.談話內容預先準備，長話儘量短說，對話力求簡潔明瞭而不重複。話畢，應說：「謝謝，再見。」

4.通話中，不可邊說邊和其他人交談，以免引起對方懷疑或反感，影響通話情緒。而情緒不佳或電話不易打通時，不要遷怒於電話機。

5.辦公時間內，應避免打私人電話。

6.如借用他人電話，應先徵求同意：「我可以借用一下電話嗎?」獲同意後再撥號碼。話畢，應謝謝人家。

7.如係長途電話，最好不要離席太久。

8.如受話者不在，由電話答錄機接受電話，應在該機播放結束後約三秒鐘內，將自己的姓名及電話告知，並請其回話。

9.如未能確定電話號碼是否正確，可先查詢「一〇四」查號臺後再撥打。

10.如對方電話久接不通，或撥號後根本沒有聲音，可能電話有故障。可撥「一一二」障礙臺查詢。

11.其他有關電信服務主要電話：

　(1)長途查號臺：「一〇五」

　(2)掛發立即制長途電話：「一〇五」立即臺

　(3)掛發船舶無線電話：「一〇三」紀錄臺

　(4)掛發或查詢國際電話：「一〇〇」國際臺

　(5)英語查詢：「一〇六」

12.如遇緊急事故，可撥下列電話（大臺北地區）：

　(1)火警、緊急救助、救護車：「一一九」

　(2)報案、交通事故、外僑報案：「一一〇」

二、總機工作人員應注意的禮節

電話總機是一個公司（學校、機關）的中樞神經，透過「她」，一切的傳達和溝通才能暢通無阻。否則，不諳本身之職掌或不負責任，則天下大

亂。輕者，鬧笑話。重者，妨害並影響整個機關的信譽。因此，站在公關人員（隱形的）的前線，總機人員應遵守的禮節及職責不應疏忽。概述如下：

　　1.總機人員的人選應以具備專業知識，個性開朗，口才伶俐，國語純正（諳外語及方言者更佳），身心健康，富工作熱忱及耐心者為佳。

　　2.總機人員應熟悉公司內各單位名稱及職掌，以方便接線之正確及迅速。

　　3.避免因不熟悉公司業務或人員而將電話一轉再轉。

　　4.如線路太忙，要客氣地請對方留話或請其再打進來。

　　5.接話時，語調力求親切有禮。

　　6.大型旅館總機，(1)更應記載一切館外的電話叫接（並將所需電話收據送交櫃檯出納，以便列入旅客帳目中），隨時和櫃檯保持聯絡。(2)利用旋轉式客房名牌，以便查詢旅客姓名及房間號碼。(3)熟知本國文化、歷史，收集市區內重要觀光地點及電話，以便儘速答覆旅客詢問。(4)接受旅客之電話抱怨，設法平息其不滿，並立即轉知有關部門以求改進。(5)重視旅客之「喚醒」(awakening) 服務：旅客常因洽談約會或趕飛機之需要，求接線生於次晨將其喚醒（代替鬧鐘），總機人員應訂下正確時間以便完成任務。

　　7.如不能回答時，先掛掉電話後再連絡。

　　由以上說明，我們學習到電話禮節：禮貌週到，措辭明朗，語調清晰，把握重點（經濟而不浪費），也就是「懇切、簡潔而正確」的基本電話原則。

三、簡易電話英語

　　1.總機或秘書接電話時，先報公司名字並詢：「可否為您效勞?」

Good morning, Full Own Company. May I help you?

Mr. Johnson's office. Could I help you?

　　2.如對方要求和上司講話 (I would like to speak to Mr. Johnson.)，碰巧上司不在辦公室，而聲音似非熟人時，可請問其尊姓大名，並請其留言。

Who is calling (speaking), please?

May I know who is speaking?

He's out of the office at the moment. May I take a message?

3. 如係旅館總機（或櫃檯人員）接到某位旅客（或旅行社人員）訂房電話：

例一：

A: Good evening, this is Grand Hotel. How can I help you?

B: I need a double room with bath for three nights.

A: That's no problem. Would you please tell me your name and address?

(Can you give me the name of your company, please?)

例二：

總機人員將電話轉到預訂房間部，現以 O (operator)、C (caller)、K (Knudsen) 代表三人，介紹對話如下：

O: Hotel Regent. Good morning, can I help you?

C: Yes, I'd like to book a room for next week.

O: Hold the line, please, and I will put you through to Advance Reservations.

K: Advance Reservations. Can I help you?

C: Yes, I'd like to book a twinbed room from the afternoon of the 21st August to the morning of the 27th.

K: Yes, we have a twinbed room available for those dates. Could I have your name and address, please?

最後掛電話前，別忘了說謝謝再見：

C: Thank you very much, goodbye.

K: Goodbye, sir.

4. 如係在家中接聽電話，鈴響後拿起話筒說："Hello"，對方報上姓名後，可開始對話。確定接電話的是熟人時，可說："Hello, Mary. This is Luisa. How are you?"

5.如在電話中，遇有急事（訪客）必須中止電話時：

Peter just came in for a visit, may I call you back when I am free?

6.聽不清楚時，可請對方重述一次：

Would you repeat again?

7.謝謝打電話來：

Thank you for your calling.

第三節　待客的禮儀

人們總是喜歡自己被關愛、被需要；更希望得到他人的支持、信任和讚賞。俗語說：「敬人者，人恆敬之；愛人者，人恆愛之。」待人接物謹守誠信和敬愛的原則，一定可以促進人際關係的融洽，凡事心想事成。你希望人家如何對待你，那麼就先如何對待人家吧！做一個成功的主人和如何做一個被歡迎的客人是同等重要的。因此，如何對待來訪的賓客、親友，給予最正確、最恰當的接待，在不增加自己的麻煩，同時給予訪客良好而愉快的感受，是生活在今天的現代人所必須具備的常識。茲就待客的禮儀分三方面來說明。

一、一般待客之道

1.誠的原則：誠以律己，誠以待人。誠者必真，誠者必善。所謂：「不誠無物」，「誠則金石為開」。虛情假意，矯情做作終非待人之道。

2.親切的態度：態度欠親切或言語太急躁給人極惡劣的印象。一張綻開的笑靨有如冬天的陽光，和煦地照耀在人們的臉上，是多麼地溫暖、親切。當你看到了一位面帶笑容、親切和藹的人，緊張的心情馬上鬆弛下來。因此西諺常提醒人們：「和藹生微笑，微笑生朋友。」讓我們以微笑親切地擁抱朋友吧！

3.理想的場所：讓客人有：「賓至如歸」的感覺是接待客人的最高藝術。因此接見賓客的地點非常重要。家庭中的客廳佈置雅緻，有親切感。公司或機關學校均應設置有：會客室、接待室；大的機構甚至佈置有簡報室，咖啡（飲茶）室以備供應點心飲料。甚或如航空公司在機場亦設有「貴賓室」等，均經細心佈置，給客人舒適和親切的感受。理想的場所提供了主賓間的融洽氣氛。

4.妥善的安排：接待客人的主要目的，為了增進友誼，讓「客人高興」，事先可依客人的需要、興趣，安排適當的節目：食宿、交通、參觀、訪問、觀劇、宴會、會談、購物等。

二、待客接物的方法

㈠接待人員的訓練

1.專業的知識：一個成功的接待人員必須對本身的工作具有豐富的學養。對份內的工作如不熟悉，不容易做好應對。因此，職員及在職進修或訓練亦成為接待人員必須的訓練過程。

2.迷人的風采：注重儀態及禮儀的訓練。服裝力求整潔、美觀、大方。制服之式樣、質料及顏色，最好能代表公司（機構）的特色，並應重視表現接待人員的儀態美。髮型、飾物、化妝等應配合個人特質。談吐的內容及氣質，均應表現出迷人的風采。

3.機智的口才：太過銳利的言詞常引人不悅，因此，接待人員不可自以為是，言語力求溫和、有條理；不與人爭論，有問必答但忌喋喋不休。談吐要口語化，把生硬的資料用一般人都能了解的語言做生動的表現。能推銷自己又能接納別人，使人樂於接近你。假如和外國人交往，則接待人員更應具備足夠的外語能力，有益於意思的溝通及工作之順利推展。

(二)待客應注意事項

這裏要談的是商業用待客須知。要瞭解顧客心理，千萬別說：不、不知道。從對方踏進店裏的第一步開始，就必須設法使他成為本公司的常客：

1.為使顧客留下好的初次印象：面帶笑容，熱忱而親切地招呼客人，使他有賓至如歸的感覺。

2.要依先後順序給予適當的接待：別冷落後到的客人。記得向久候的客人道歉，以避免客人產生「不被重視」的心理而離去。

3.適時地滿足客人的詢問及需要：必要時主動的幫忙他。客人的質詢要愉快的應付。配合客人的需要，幫助他選擇適當的商品。

4.對進門的顧客要一視同仁的對待：俗語說：「狗眼看人低。」接待人員千萬別犯這種錯誤，客人的外表及衣著並不是判斷他購買能力的主要條件。即使對方不買，也得有禮地表示歡迎和謝謝他。如果客人帶來了同伴，也應親切接待這位同伴。

5.要簡潔介紹、說明商品的功能及特色，幫助客人選購，亦可適時推銷相關的商品，但忌強迫推銷引起顧客的惡感。不管他買的是高級品、廉價品，都應一樣的表示他受歡迎。都應說聲：「謝謝」，請他下次再來。

6.物品之包裝要安全美觀：準備包裝用的紙盒、紙箱及包裝紙、帶。注意物品之輕重，是否易碎（如玻璃、水晶）、安全性等。如為禮品，則應注意包裝紙之顏色及使用之緞帶。

7.物品如為禮品，應撕去價目箋紙後再行包裝，以合乎禮節。

8.如需送貨，應記下正確的地址，受件人姓名、電話，迅速確實將物品送達顧客手中，以獲得顧客的信任和好感。

9.靈活運用各種不同的待人接物方法是待人成功的不二法門：

　(1)對性急的人：用敏捷親切的態度對待他。

　(2)對慢調子的人：耐性地陪他，言行條理分明，不能操之過急。

　(3)對傲慢的人：忌針鋒相對。多順著他的意思。

　(4)對神經質的人：要慎重而有禮、有耐心的給他信任感。

(5)對話多的人：就洗耳恭聽當個好聽眾吧！要表示樂於接受他的意見。

(6)對沉默的人：多以行動來表示歡迎他，別太勉強他開口。

對待各種性格特質的人宜給予適當的接待方式。要察言觀色，過份的獻媚巴結會引起客人的反感，必須注意。把握適當的原則，讓客人留下美好的印象。

三、家庭待客禮節

在社交生活中，相互的拜訪和酬酢已是重要而不可避免的節目。熟諳待客的禮節，可使賓主盡歡，建立並增進彼此的情感和瞭解。

㈠招待遠來的客人

1.歸國親友：如事先以電話、電報或書信通知，應事先安排他回國後的食宿及幫助他要接洽的人與事。

2.如居家環境許可，可為他準備一間雅靜房間。

3.訪客到達，應笑臉相迎，讓座奉茶（咖啡、飲料），如訪者數人，主人應一視同仁，不可顯示厚此薄彼。介紹家庭成員給他認識，表示歡迎之意。並說明家人生活起居的簡單習慣。並應瞭解客人的膳食習慣，以便利招待。

4.安排歡迎（俗謂：「洗塵」）宴會。按需要及自己能力可以午宴、晚宴、自助餐、茶會或酒會等方式舉辦。在餐廳較方便；但在家中設宴則較親切。

5.入境問俗，客隨主便，互相適應，不製造麻煩或擾亂相互的生活為原則。為使客人有「賓至如歸」（"Make yourself at home"）的感覺，主人不必太過份客氣，以免給客人拘束感。

6.如客人表示住旅館較方便(如其有公務、商務)，主人應尊重其意見，代為安排地點適中、交通方便的旅館。

7.保持家人關係之融洽，不可在客人面前爭執吵架。

(二)如何對待不速之客

1.拜訪朋友，應事先約定，切忌在休息或用膳時間叨擾人家。

2.如遇不速之客，如熟識者，可請其進屋。不可表示不高興或不耐煩。

3.如正要外出，可告知原因，並請約定改日再請他（他們）來玩。

4.如不速之客為不熟識之人，且父母不在家，為安全起見，可禮貌地請其再打電話來。

5.如不速之客在用膳時間到來，可請其一道用膳，亦可倒茶水招待，請其在客廳看報紙、雜誌等候。

6.應付一些推銷商品的不速之客，可禮貌地告訴他們：家裏已購買了，以免糾纏不清。不必開門請其進門。

第四節　同事間應有的禮儀

一個機構的業績及成功與否，決定於全體員工的熱忱服務，參與和休戚相關的共識和精神，個人應養成嚴謹謙恭、誠摯和平、實事求是、儉約清廉的基本品德。主管和從屬之間，同事和同事之間應有：

一、工作信條

1.認識公司的歷史、規定（公司的制度、人事作業、管理、休假、獎懲、勞保、福利等重要措施）。

2.奉公守法、同心協力：進入公司服務，應遵守公司的各項規定，養成守法的好習慣。

3.敬業樂群、合作無間：加強專業知識，保持熱忱的工作態度，注意禮節和言行。對公司要忠誠。

4.科學的管理和工作方法：學習如何組織、授權和督導。凡事必躬親，則終必被煩瑣細節所淹沒。工作要有計畫。按部就班的工作方法，總比想到什麼就做什麼要好得多。

二、同事間應有的禮儀

1.每天早上遇到同事，如進入辦公地點之門口、走廊、電梯及進入辦公室，應道聲「早安」，下班時說聲再見。但如公司辦公室隔成許多間，則不必敲門入內，只為了道聲早或說一聲再見。

2.辦公室有辦公室的倫理，職務有高低，在職位平行之同事間，應習慣使用稱謂，如某先生、某小姐，或某太太。對上級主管之稱呼，應使用其職稱，如某經理、某課長等。上級主管對其下屬，亦應以禮相待，對年長者，可使用某某兄，或某兄，對比自己年輕者，可直呼其名，但對小姐太太們，應以某小姐、某太太之稱呼為宜。

3.在廁所遇到同事，則不必禮貌週到，點頭打招呼即可。

4.凡事養成排隊的習慣，如上下班打卡、進餐廳用餐、上下電梯、上下交通車等，必須排隊，並禮讓年長者，上級主管及女同事。

5.同事間應互相尊重，不談隱私，不揭人之瘡疤，不散佈流言，蜚長流短。

6.同事們應互相合作，拋棄三個和尚沒有水喝的觀念，互相協助，遇有困難，應合力解決。

7.對抽煙之癮君子，應自重勿製造公害，迫使同事吸二手煙。以目前最新的趨勢，在辦公室即應禁止吸煙。一般的公司機構，不致特設吸煙室，如不能自禁，則可選擇樓梯間抽吸。

8.對同事間之婚喪喜慶，應自動給予道賀或安慰悼唁，同事不幸生病住院，亦應加慰問。

9.同事間切忌借貸積欠。如因急需而告借，宜儘早歸還。對公物之借用亦然，用畢即歸還。

10.遇自己之疏失，勿忘說「對不起」，或「請原諒」。遇有所請求，勿忘先說「拜託您」，或「請您」。

11.男女同事間，不要有過分親密的行為，免造成性騷擾及有戀情的誤會。

12.上班時間，切忌穿梭同事之間，談天閒聊，應養成習慣不打擾其他同事。

13.對新進同仁應主動給予援手，給予指導，遇有請託，宜予協助。

14.凡事先求諸己，君子不重不威，所以處處必須自重，衣著力求整齊，儀容力求端莊，態度力求誠懇大方，俾贏得同事的敬重。

第五節　服裝舉止的禮儀

當我們從純樸的學生轉變為「社會人」、「職業人」時，人生的過程也正邁入一個新的轉捩點。在人群關係、人生目標、金錢關係及觀念各方面均產生重大的變化。除了自己本身的生活，家庭生活，又多了一個「工作崗位」的生活。一個人表現在外的舉止、服飾經常影響他在工作場所別人對他的觀感。

莎士比亞曾經說：「服飾常顯示人品，如果沉默不語，服裝與體態仍會洩露我們過去的經歷。」穿戴整潔及不修邊幅的兩種人，在性格上、人生觀、工作態度上均顯然有差別。前者較有自信、喜歡社交，也較靈活，當然也較受人歡迎了。

在工作場所，除了必須尊重辦公室的規定、辦公室的倫理，在服裝舉止方面，還必須注意那些禮節？是不是穿制服？做一個職業人（男性或婦女）到底該穿什麼樣的服飾、儀容如何修飾等都是我們需要探討的課題。

一、服飾應和實際生活配合

符合便利、舒適及經濟實用的價值，尤應注意年齡、身分（職階）的不同而有所選擇。

二、式樣、質料及顏色的選擇

服裝的效果可使上司及同事判斷你的工作能力，或讓客戶對你產生好感，使生意做成功。因此上班族對服飾的式樣、質料及顏色均必須有所選擇。注意設計，考慮性別、工作單位（場所），是否耐洗、質地會不會太差，顏色適不適合你的個性及膚色等等，都應該考慮在內。鮮明的顏色常代表活潑、生氣、熱情；深色則代表高貴、穩健。

三、「以最少的服裝來發揮最大的效果」

職業婦女常有「穿什麼衣服好呢?」的煩惱。在有限的薪水範圍內要買所需的衣服，必須知道如果配合本身的體型、場合，搭配得宜，充分表現「穿衣的藝術」，那麼你一定可以穿出品味，穿出個性來。有人建議：「端莊美麗的職業婦女，基本的服裝是西裝式上衣再配上合適的裙子、輕衫、簡單飾品。」

四、制服制度和管理

為了便於管理及識別，國內外有不少機構、公司（如航空、大型企業、旅遊餐飲服務業、銀行、百貨公司、學校、工廠）均有表現特色的制服制度。例如：公立大、中、小學均有冬、夏季不同制服、運動服、鞋子之規定，以表現整齊劃一、樸素守法的精神。現舉國內五星級的國際觀光大飯店「福華」(Howard Plaza Hotel) 有關制服管理之規定如下：

　1.員工報到後，必須穿著制服者，應至總務部門領取制服，按規定穿著，並應經常保持整潔，離職時繳回。

2.凡辭職、遺失或經判定為蓄意損壞者，除遺失外，應將制服繳回，並按下列規定賠償：

(1)領用制服三個月以內者，全額賠償。

(2)領用制服超過三個月不滿一年者，按下列公式賠償：

$$制服全額 \times \frac{12 - 已穿著月數}{12} = 應賠償金額$$

(3)賠償後之制服仍屬公司財產。

五、服飾檢查要點

1.隨時保持個人服裝、儀容整潔，制服、名牌、識別證、公司鞋等需穿戴整齊。

2.帽子：清潔、戴正。

3.頭髮：不宜過長，並應梳洗整潔，髮型宜配合臉型，上班族以容易梳理為原則。

4.臉：男士鬍鬚要刮乾淨、鼻毛宜修剪。

5.領子：應經常保持乾淨。

6.領帶：花紋和顏色宜調配，避免過於鮮艷，並應保持乾淨平整。

7.鈕扣：注意有否扣好。掉了就應馬上縫好，尤其是女性。

8.拉鍊：注意有否拉好。壞了就立即換掉。

9.袖口：和領子同等重要，應保持乾淨。並檢查有否磨破。

10.手（指）：指甲要剪短，並應常保乾淨。辦公室女職員視需要可選用淡色指甲油。（某些公司規定：不可留長指甲及擦指甲油。）

11.鞋、襪：應時常保持乾淨；皮鞋應擦亮。

12.手提箱（袋、包）：形狀、花色宜適合。亮麗手提包白天上班不宜。

13.西服：應筆挺，口袋忌放太多物品，西裝褲尤應燙直。

14.儀容裝扮：可選用適合皮膚保養霜或古龍水。女性需淡妝，除手錶、戒指外，不必配戴貴重飾物，以策安全。裝扮以高雅、大方為宜。

六、服務（舉止）禮儀

1. 機關員工在規定工作時間內，提供服務，在服務期間並應遵守「有所為」和「有所不為」的義務。一般均以法令規章明定之，以便遵循。

有所為的義務，主要有下列四項：

(1)執行職務：應忠心努力，力求切實。並遵守誓言，除法令規定或經長官許可外，不得擅自委由他人代理。

(2)服從命令：長官的命令（在其職權內）有服從的義務。如有意見，應隨時向長官陳述理由。但如長官不接受，仍有服從之義務。

(3)保守機密：公務或商務主管事項，或雖不屬主管事項，但因參與或獲悉之機密應保守（公務員不但在職期間應嚴守機密，離職後亦同）。

(4)保持清譽：誠實清廉、謹慎勤勉，並重視協調和互助合作以保持清譽。

有所不為的義務，主要有六種：

(1)不因循苟且：不畏難規避、推諉或無故稽延。

(2)不圖謀利益：不假借權力以圖利本身或他人。

(3)不推薦關說：不得就主管事務，有推薦或關說之行為。

(4)不接受招待餽贈：尤其是公務人員，不得利用視察之機會接受招待或餽贈。對有隸屬關係者無論涉及職務與否，均不得贈送財物，對所經辦事項，不得收受任何餽贈。

(5)不濫用公款公物：非因規定，不得動用公款，或公物。對職務所保管之文書財物，應盡善良保管之責。愛惜公物，減少浪費是服務美德。

(6)不循私不濫發言論：未得長官允許，不得以私人或代表機關名義，任意發表有關職務之談話。

2. 員工應按規定上下班，如穿制服員工，於上下班時在指定地點換穿

制服。

3.員工除在指定地點外，一律嚴禁吸煙。

4.在上班時間內，不得吃零食、看書報雜誌、睡覺或聊天。

5.應隨時保持個人儀容及辦公場所的整潔。

6.對於顧客、同事應注意禮貌及親切的態度。

7.服務顧客應保持適當距離，不宜過份親暱或攀談。

8.辦公室內不得穿著拖鞋或奇裝異服，亦不宜濃妝艷抹，或勾肩搭背、擁抱之動作。

9.其他有關的舉止禮儀，可參考第二章「個人的禮儀」及本章第一節之「應對的禮儀」。

第六節　求職和離職的禮儀

許多剛踏入社會的青年，多少總會覺得人海茫茫，人浮於事，如果沒有很好的人際關係和背景，到底要怎樣才能找到既適合自己的專長，又適合自己的興趣，且待遇又不壞的工作？到底求職時，要如何著手？又要注意些什麼禮儀？

一、尋找工作的途徑

(一)報紙之求才廣告

每天報紙上之求才廣告，真的是五花八門，各行各業都有。一般而言，報刊求才的分類廣告，大部分真的是求才，但也有少部分是謀職的陷阱，引人入彀，尤其是涉世未深的少女，更不能不注意。循報紙上的求才廣告應注意事項如下：

1.必須仔細閱讀廣告中所提應徵的條件，選擇較適合自己專長和興趣者。

2.注意求才的公司可開具的應徵必備文件或資料，如中文自傳、簡歷、照片、畢業證書影本、退伍證書影本、聯絡電話等。

3.有些公司會公開甄試，有的公司則靜候通知面試，必須留意。

4.有些求才的公司會要求有興趣應徵者表示自己希望的薪金，切忌自撞身價，開高薪一試。

5.不合情理的求才廣告，多有陷阱，如「誠徵年輕貌美的遊伴，歡迎兼職，入豐，免經驗」、「誠徵氣質佳，體健貌美的接待小姐，月入五萬以上」等，這類廣告並不單純，陷阱重重，實際上多是色情行業。

6.某些求才的公司，名不見經傳，於面試時，對年幼可欺之女孩，即施以脅迫劫色。因此無社會經驗的女孩，於應徵面試時，對這些公司應心存戒心，不可貿然即入虎穴。

7.某些求才公司於錄取應徵者時，未工作即要求應徵者繳付保證金，或入股金，此類公司旨在歛財，不能不注意。

㈡毛遂自薦

在歐美社會，求才最可靠的途徑是毛遂自薦，自我推銷。目前國內社會較不普遍。此種毛遂自薦的求職方式，必須注意：

1.妥擬一封誠摯、簡明、進取樂觀的自薦函，字跡不可潦草，不要有錯字，不要囉嗦，最好自薦信寫妥後，請友好或父兄過目潤筆。

2.自薦函宜用精緻白紙，正楷字體工整的撰寫，不要有塗改。

3.除自薦函外，宜備妥自傳及照片，一併寄去。

4.自薦函寄出後，只有耐心的靜候回音，但心裏要有正確的認識，即被拒絕者多，因此要勇於面對現實，不要氣餒。

㈢請求就業輔導單位的協助

目前政府辦理的就業輔導單位有國民就業輔導中心和青年輔導委員會，專責從事介紹就業。政府機構不在謀利，因此你只要將個人的資料、專長、經歷、希望從事的工作提供給上述單位，自將替你留意安排，若有

消息，這些就業輔導單位會通知你，接受的公司機構自會安排面試。

(四)請職業介紹所媒介

職業介紹所多良莠不齊，從事媒介的工作，以中、下階層及傭工的工作為多，大部分以抽成計酬，即一旦事成，則雇主及應徵者，各付月薪之二分之一。請職業介紹所媒介，必須留意：

1. 必須是登記有案之介紹所。
2. 未介紹即天花亂墜，要求先付錢者，多不可靠。
3. 女子應徵，如介紹所並非可靠者，尤應提高警覺。

(五)透過親友介紹

以此途徑的介紹，最易成功。但要注意：

1. 介紹人在社會上具有地位和影響力。
2. 介紹人與自己，或與自己之父母有深厚的交情。
3. 介紹人有樂於助人的心腸，具真意替你介紹。
4. 拜託介紹人時，務必謙虛有禮。
5. 拜託時，必須備妥個人資料，如履歷表、照片、學歷證件等。
6. 自己期待的工作與薪資，應先告訴介紹人。
7. 拜託介紹人時，不必再出主意。
8. 凡事人必自助而後人助之，自己必須力求上進、肯學、肯幹，這樣人家始會樂予介紹。

(六)請師長介紹

由師長推薦，個人的學識、能力及人品即獲得保證，容易獲得公司機構的接納。但師長又如何能樂予推薦？則有賴個人平時的努力了。

(七)參加各項考試

目前政府及公營機構之甄選人員，均經由考試，公平競爭，優秀者入

選。因此只要自己肯努力，多年寒窗苦讀，一試金榜提名而獲得自己所求之工作者，比比皆是。此類掄才之考試有公務人員高普考；基層特考、專業人員特考等。學歷不足者，可先通過檢定考試取得資格再應考。

㈧上網查詢人力銀行

如 104 人力銀行或 1111 人力銀行，也是一種求職途徑。

二、求職的原則

每個人求職，因對價值觀念所持的標準不同，故所考慮的條件也不一，一般而言，求職應考慮的原則如下：

1.最好是適合自己專長和興趣的工作：學非所用，固然是人力資源的浪費，對自己也是件很遺憾的事，所以求職時，最好要選擇適合自己的專長和能力的工作，才能如魚得水，工作愉快。

2.選擇待遇不錯的工作：辛勤的工作，它的酬勞就是薪水，一個人不但是要為自己，也要養家活口，所以待遇的好壞也很重要。只有待遇相當，工作才會愉快。

3.選擇較穩定的工作：社會上一般認為公務員和教員是穩定的職業，而自由職業方面，如醫師、建築師、會計師、工程師等，也是很穩定的行業。一般勞工職員方面，能進入具規模的公司服務也較穩定。

4.選擇具前途的工作：進入大企業，雖一時位卑，但隨自己的努力，獲拔擢升遷，不但會有滿足感，抑且可發揮自己的抱負和理想。如果工作具有前途，則待遇雖稍低，亦有忍耐努力的價值。反之，一個不具規模和潛力的公司，雖一時給予優厚的待遇，但因不具前途，亦無太大的意義。

5.選擇較合乎理想的工作：理想隨各人之不同，著眼處也不一。如工作環境的好與壞，工作地點離住家的遠近，均會產生理想與不理想的結果，事先宜加斟酌。

三、求職的一般禮儀

1.求職乃推銷自己，必須妥為準備介紹自己的資料。其中不能缺少的為履歷表，列有姓名、年齡、籍貫、學歷、通訊處、曾任職務等，應工整的填寫，並貼上相片。其次為自傳，一般必須包括身世、出生地點、家庭狀況、求學經過、服務經過、興趣、專長、宗教、信仰、將來之抱負等。至公務機關必須填寫公務人員履歷表。而外商機關則常要求外文撰寫之自傳。由於履歷表和自傳將作為評估你的基本資料，因此務必讓人覺得你是進取樂觀並有抱負，文筆流暢，內容生動，常可讓人有好感，對求職的成功，大有幫助。

2.面談前，對自己所應徵的工作應先進行瞭解。不要面談時，一無所知，或難以對答。

3.赴約面談對自己的儀容必須注意，包括：

  ⑴男士以著西裝打領帶，至少著襯衫打領帶，女士以穿裙子、高跟鞋為宜；服裝不可太華麗，以整齊大方為主。頭髮必須梳洗乾淨，髮型以自然大方為宜。

  ⑵女士不可刻意化妝，淡妝為佳，手飾不要戴太多。

  ⑶指甲必須修剪。

  ⑷潔身以赴，不要存有體臭。

4.由於面談關係著錄用與否，因此出發前不能大意，宜提早出發，最好提早十分鐘到達；抵達後勿忘整衣，注意鞋子是否乾淨。

5.出發前必須檢查應攜證件，是否有遺漏。

6.等候面談時，應冷靜鎮定，不必與人寒暄聊天，宜思索自己應對之方法。

7.面談時，應注意下列原則。

  ⑴態度要從容大方，不要過份謙卑；

  ⑵對任何問題，必須誠實回答；

⑶不必隱瞞自己的身世，須知英雄不論出身低；

⑷注意聆聽面談者提出的問題，抓住重點回答；

⑸談話不要太快，音調也不要太高或太低，不可藉機大談自己的抱負，以坦誠交談，從容應對，較易留下誠實穩重的感覺；

⑹提醒自己，坐姿要端正，講話時不要比劃，眼睛必須注視對方。

8.面談畢被暗示可離開時，勿忘起身，放好座椅，以立正姿勢，鞠躬並說聲「多謝您給我面試的機會」。如面試者伸手，有意握手道別，應伸手相握，並勿忘說「謝謝」。

9.離開時，必須從容，開門關門宜輕，對招呼你的秘書小姐應表示謝意。

四、到職時應注意的禮儀

1.一般公司機關對錄取人員都要求於何日何時向人事單位報到，通常各公司均要求員工繳交下列證件：

⑴錄取通知書；

⑵學歷證件；

⑶戶口名簿及身分證影本；

⑷個人最近正面脫帽二吋半照片；

⑸體格檢查表；

⑹員工保證書；

⑺原服務單位離職證明書。

2.必須詢明並瞭解是否有試用規定。

3.對公司之一般規定事項，如請假、上下班打卡、工作時間、休假、值班、用膳、加班等，應詳加閱讀，進入情況。

4.投入新環境新工作，必須虛心學習，認真以赴。

五、離職時應注意的禮儀

1.離職必須依照規定，依法行事。

勞動基準法第二章勞動契約中，列載勞動契約之效力及終止情形，其中第十二條規定在某種情形下，雇主得不經預告而終止契約，如於訂立勞動契約時為虛偽意思表示，使雇主誤信而有受損害之虞者；對雇主、雇主家屬施暴或有重大侮辱行為者；被判刑確定而未諭知緩刑或易科罰金者；故意耗損機器、工具、原料、產品，或其他雇主所有物品，或故意洩漏雇主技術上、營業上之秘密致雇主受損害者；或無正當理由繼續曠工三日，或一個月內曠工達六日者等。雇主依上項規定終止契約，應自知悉之日起，三十日內為之。同時為保護勞工，第十四條又規定有下列情形之一者，勞工得不經預告終止契約：

(1)雇主於訂立勞動契約時為虛偽之意思表示，使勞工誤信而有受損害之虞者。

(2)雇主、雇主家屬、雇主代理人對於勞工，實施暴行或有重大侮辱之行為者。

(3)契約所訂之工作，對於勞工健康有危害之虞，經通知雇主改善而無效果者。

(4)雇主、雇主代理人或其他勞工患有惡性傳染病，有傳染之虞者。

(5)雇主不依勞動契約給付工作報酬，或對於按件計酬之勞工不供給充分之工作者。

(6)雇主違反勞動契約或勞工法令，致有損害勞工權益之虞者。

勞工依上述第一款及第六款規定終止契約者,應自知悉其情形之日起,三十日內為之。

此外勞基法第十一條規定，非有下列情事者，雇主不得預告勞工終止勞動契約，即：

(1)歇業或轉讓時。

　　⑵虧損或業務緊縮時。

　　⑶不可抗力暫停工作在一個月以上時。

　　⑷業務性質變更，有減少勞工之必要，又無適當工作可供安置時。

　　⑸勞工對於所擔任之工作確不能勝任時。

　　易言之，雇主如遇上述五款情形，雇主即可預告勞工終止勞動契約，而其預告期間，依勞基法第十六條之規定：

　　⑴繼續工作三個月以上一年未滿者，於十日前預告之。

　　⑵繼續工作一年以上三年未滿者，於二十日前預告之。

　　⑶繼續工作三年以上者，於三十日前預告之。

　　著者所以舉述勞基法之規定，旨在說明法律保障雇主和勞工的情形。作為勞方的一員，不能不熟悉法律的規定，離職必須依法行事。

　　2.離職不論係被解僱，或自行離職，必須留意勞基法所規定預告的期間，不得我行我素，從事抗爭。

　　3.離職時，必須向人事單位辦理離職手續。

　　4.如負相當職務者，應就職務範圍內經管之財務、財產、物品、印信、卷宗、書籍等，列具清單，俾供移交。

　　5.辦理移交時，必須在人事或業務單位監交人監視下，逐項當面點清，簽名為憑，勿忘索取副本一份留存備查。

　　6.如所從事之業務單純，並無所謂移交，亦應在人事或業務單位監視下移交，如制服、識別證、鑰匙等，應繳交。

　　7.離職時，自己應獲多少遣散費，勞基法已有規定，一切依法辦理，如被解僱亦然。

　　8.如係自動離職，可請公司核發服務證明及離職證明。如與雇主關係良好，而離職原因具善意者，亦可洽請雇主酌發介紹函，俾任新職時所需。

　　9.凡事有始有終，即令離職，亦應有禮貌，同事間之送別意思表示如便餐或宴會，公司之意思表示如主管之約見送別，均應善解人意，加以接受，事後勿忘申謝。

　　10.離職時，切勿攜走公物，或公司機密，清清白白的來，也要清清白

白的離職。

　　本章所介紹的辦公室禮儀，係以民間工商企業和服務業的辦公室為主題，其中包括應對、電話、待客、同事間相處、服裝舉止及求職和離職的禮儀在內。至於一般政府機構，如國防部、外交部，國營事業中如石油和電力兩公司等，均有應行特別注意的事項，但大體而言，辦公室應遵行的禮儀，實大同小異。第一節有關應對的禮儀方面，因第二章個人的禮儀中，已討論了日常應對進退的禮儀，故僅就辦公室中應有的禮儀作一說明。第二節電話禮節則適用於各方面。第三節待客的禮儀包括了辦公室和家庭。第四節同事間應有的禮儀，包括工作信條和同事間應有的禮儀。第五節服裝舉止的禮儀，多為一般公司企業所規定的禮儀。第六節求職和離職的禮儀，介紹了途徑、原則和一般要注意的儀節。

第十章

其他禮儀

第一節 業務人員應有的禮儀

各行各業之業務員,無論是生產事業如各工廠,或是服務業如各銀行、旅館、飯店、運輸等,應具備的禮儀如一。一般而言,生產事業多強調生產第一,服務業則多標榜顧客第一,在各大企業或公司所備就的員工手冊中,都會詳細的規定員工應有的基本認識、服務規定、安全規定等,其中包含了從業人員應有的禮儀。

業務人員應有的禮儀茲分述如後:

一、儀容方面

一般比較講究的企業於錄用人員時,均會先面試,在面試時,即考量了應徵人員的儀容。而講究的公司或機構,又提供有制服,力求美觀整潔,讓人對整個公司有生氣勃勃,業務蒸蒸日上的感覺。因此業務人員必須自重自愛,經常注意平時自己的儀容,如:

1. 衣服必須乾淨、筆挺,不著奇裝異服;女士忌穿華貴衣服。
2. 皮鞋要大方、擦亮。
3. 頭髮要梳洗乾淨,男士少用髮油,髮不宜過頸,女士髮型不要怪異。
4. 男士必須每天刮鬍子,女士化妝要樸素高雅。
5. 養成每餐飯後刷牙的習慣。
6. 指甲要常修剪,不藏污垢。
7. 時時留意,自己是否有體臭。

二、敬業方面

創造業績和創造利潤,為各企業努力的目標。這些目標的達成,必須

仰賴員工的努力及企業主管的領導有方。故作為業務員，敬業不但是業主的要求，而且也是一己必須盡力的本份工作。這方面的禮儀也就是企業倫理，包括：

1.遵守企業訂定的規章。

2.尊重上司，服從命令，遇上司有所指示，必須注意聆聽，有疑問，須俟上司講完再發問，不要插嘴。

3.對上級交付的命令要欣然接受，切實執行。

4.對自己之疏忽和過失，必須坦然接受上司之責備，不宜辯駁，但可理性的提出解釋。

5.必須負責盡職，不推諉，不塞責，也不越俎代庖。

6.要有以企業為家的精神，對企業經營方面的問題，不論提出缺失或有創見，應相機提出。

7.上級交辦事項，必須馬上處理，並隨時提出報告。

8.上下班必須準時。

9.上班時間內，應避免打私人電話、私人通信，如無主管的許可，應避免在上班時間內接待親友。

10.上班時間內，不得在辦公室吃零食、看書報雜誌，或聊天，或小睡。

11.私人通信，應儘量避免使用企業地址。

三、對顧客方面

在服務業，常會標榜「顧客至上，服務第一」，因此如何爭取顧客，成為業務員重要的工作。在這方面應注意的禮儀如下：

1.熟悉電話禮儀，雖不謀面，但要傳達誠懇熱心的訊息。

2.顧客來訪，任何員工，應以愉快的心情迎接顧客，不應讓顧客久等，如係重要顧客，必須指定專人接待。

3.顧客入內求見，宜自座位起身握手致意，如確係忙迫不堪，亦應點頭為禮。

4.在走廊碰到顧客，應打招呼。

5.對顧客應隨時保持禮貌，亦應保持距離，不過份親暱，亦不宜抓住顧客攀談。

6.顧客如有怨言或批評，應耐心聆聽，不可爭辯，但可委婉解釋，並迅速處理及報告上級。

7.在顧客面前，務必要莊重，不輕言諾。

8.顧客來商，勿忘以茶或咖啡待客。重要事項，應做成紀錄。

9.業務員應熟記顧客姓名及從事之事業，俾讓人有親切感。

四、對同事方面

1.企業各部門本需協調，配合和合作，同事之間應本此精神，互相尊重，互相協調。

2.於私，同事間以禮相待，於公，實事求是，認真負責。

3.男女同事間應互相尊重，不可輕薄。

4.同事間除公事洽談外，不應走訪其他同事之辦公室聊天或說笑。

5.力求上進、精益求精，觀摩同事所長，鞭策自己。

6.不輕易指責同事，工作上之疏失，應先預知，或及時通知同事注意或補救。

7.不將個人之喜惡，在工作上宣洩，不發牢騷，不發怨言，亦不暗中批評同事。

8.虛心接受同事的忠告或批評，凡事要顧全大局，不固執己見。

第二節　推銷人員應有的禮儀

企業經營已不可能再自限於生產，因為競爭激烈，所以需賴廣告和行銷，因此推銷人員遂成為企業重要的人員，如果推銷得法，市場佔有率多，

自然可帶動企業之生產。在國內暢銷的《反敗為勝》自傳著者，克萊斯勒汽車公司的總裁艾科卡，即是一位成功的推銷員。由於他在學期間攻讀心理學，思考敏銳，建議新車款式，配合一流的廣告宣傳，創造了福特汽車的銷售紀錄。由於他不容於福特汽車公司，而被克萊斯勒汽車公司網羅，在他精於推銷下，使克萊斯勒汽車公司起死回生，反敗為勝。

推銷固然可賴廣告，但產品的行銷到市場，有賴推銷員的促銷。因此推銷員給人的形象，遂變成非常的重要。尤其推銷員必須主動出擊，自己先選擇對象，再去訪問對象，以一般人對陌生人都懷有戒心之下，要如何做到不會被排拒，則推銷員必先求如何獲得人家的好感，贏得人家的信任。因此推銷員必須比一般人更有訓練，更有修養，更有禮貌。

一般而言，推銷員應具備的禮儀如下：

1.服裝必須整齊清潔，因為客戶對你的第一印象決定在你的外表。因此西裝、領帶、襯衫、皮鞋等，務必保持整齊清潔。

2.與客戶交談以前，必須自我介紹，使客戶瞭解你是誰？及你來做什麼？如：「你早，對不起打擾一下，我是某某公司的某某（畢恭畢敬的遞上名片），夏天快到了，我是來推介最新型、省電又無噪音的冷氣機，能不能讓我把型錄給你看？」

3.必須面帶笑容，誠摯自然流露的笑容，才會使人留下好的印象。

4.態度要謙虛誠懇和友善，才能獲得人家的信任。

5.對自己的產品，必須要有豐富的知識，能善於說明商品的要點，如先使顧客瞭解使用價值，如方便、便宜、省電等，同時必須突出商品的特點，並舉例以數字說明其價值，如每月可節省多少？或與同型其他廠牌的貨品便宜多少等。

6.必須溫文有禮，如遞名片，宜雙手遞上，以雙手接人家的名片。鞠躬時，腳跟併攏，背部挺直，以全身的姿勢表達敬意。鞠躬的方式，因人、因地須有別，如客戶係老板，不妨行三十度的鞠躬禮，如係首次拜訪之普通客戶，登門拜訪時，行十五度的鞠躬禮等。

7.必須察言觀色，善體人意。寒暄可打開與客戶間陌生的僵局，改變

週遭的氣氛。如客戶有不快之色，應知所止。

8.必須做好的聽眾，仔細聽客戶的話，切忌與客戶爭辯也不要打斷客戶的談話，如客戶有所指責，必須耐心的接受。

9.如客戶拒絕時，不妨以言語表達感激之意，因為是你打擾客戶在先。如是有些客戶會有回心轉意的可能。

10.推銷是一種藝術，要向何人推銷，雖可單刀直入，但不妨透過第三者的介紹，以取得人家的信任。

11.以打電話推銷，應選擇適當的時間，交談以簡短為原則，聲音要清晰。同時必須謙虛有禮，如先徵求客戶的接納。「你現在方便聽電話嗎?」然後先作自我介紹，再行推銷。

第三節　櫃檯人員應有的禮儀

櫃檯 (front desk, front office) 乃企業或公司之門面。櫃檯人員面對顧客，得失之間，攸關企業的形象和信譽，因此各公司企業，乃至機關等，莫不對其櫃檯人員施以嚴格的訓練，極力要求櫃檯人員應有耐心、熱誠和禮貌，尤其服務業的櫃檯，如觀光大飯店、航空公司等，要求更為嚴格，即令政府機關的櫃檯，如外交部核發護照簽證的櫃檯亦如此。

通常生產事業的櫃檯較為單純，主要在接待客人的來訪及一般的詢問。但服務業的櫃檯，除接待、詢問外，並直接從事銷售的業務。如觀光飯店更視櫃檯為重要部門，將櫃檯分為詢問、鑰匙及信件、出納等部分，從事出售房間、登記，分配房間，提供旅客之詢問，保管房間鎖匙，代為處理郵件、電報、留言、結帳等業務，因此與旅客間的關係較為密切，櫃檯也就必須每日二十四小時服務了。

一般而言，櫃檯人員應注意下列禮儀：
1.儀態要大方，態度要熱誠。
2.儀容要端莊，頭髮要梳洗，避免油垢、有頭皮屑，男士必須每日刮

鬚，女士不可濃妝艷抹，配戴怪異等。

　　3.服裝要整潔、簡單、大方。衣著必須筆挺、合身，經常換洗和燙平。

　　4.待人要有禮，以笑容迎人，人人都歡迎。

　　5.談吐要高雅，語聲要溫和，詢問要有禮，不可高聲或嘻笑。

　　6.對任何詢問，必須親切的給予答覆，不可有厭煩的表示。

　　7.給顧客妥善的服務，乃櫃檯人員應盡的職責，遇顧客有其他困難而給予服務，常會讓顧客感激。

　　8.必須精神集中，不可心不在焉，讓人反感。

　　9.不要在櫃檯內梳髮，照鏡子或化妝。

　　10.不可在櫃檯內吸煙或吃零食。

　　11.不得在客人面前打呵欠，打噴嚏或搔癢等。

　　12.客人任何的指責，應耐心聆聽，不可與客人爭吵。

第四節　同業間應有的禮儀

　　同行相忌，這是同業間難以避免的現象，此種情形的存在，多在開發中國家出現。在工商進步的國家，市場分散，同行之間，各盡所長，為爭取同業的利益，公會的組織，遂成為必須，每一同業，在公會體制運作下，集體爭取共同的利益，同業間互相連絡的事務，也就越來越多，互相排擠傾軋的事情，也就越來越少。譬如以臺北市的觀光飯店而言，同業間經常聚會，交換意見，勞工短缺、年終獎金、勞基法引起的問題、薪給的是否提高等，都在聚會中討論，經理級主管也輪流作東，並無同行相忌的現象產生。

　　同業間為爭取共同的利益而結合，為共同的利益而努力，已至為必須。如拆船業為爭取碼頭、建築業為爭取政府不要嚴苛的限制房屋貸款、養雞業為爭取限制美國火雞肉的進口、理髮業為辯護春節要漲價、百貨業協調折扣戰等，都是例子。

　　同業間既有共同的利益，自然應加重視和尊重，須注意的禮儀如下：

　　1.同業間必須互相尊重商場經營之基本原則，公平競爭，為其企業本身之發展，及國家經濟之進步而努力。

　　2.同業間對於整體經濟發展有利，及對於消費者大眾有益而獲致之協議，必須共同遵守。

　　3.不作惡性競爭，互相傾軋。

　　4.不要互相挖角，破壞對方之人事穩定。

　　5.企業猶如個人，有其形象。同業間不宜惡意中傷，刻意毀損對方之形象。

　　6.同業間為業務有關而召集之聚會，應積極參加。

　　7.為維護國家利益和社會道德，對同業有非法經營之行為，應勇於揭發。

摘　要

　　本章所以以其他禮儀為題，係指個人、食、衣、住、行、育、樂、辦公室等禮儀以外的禮儀，主要探討工商界業務人員、推銷人員、櫃檯人員和同業間應有的禮儀，就各位同學畢業後所需要注意的事項和禮儀，作簡要的介紹。其中對業務人員應有的禮儀方面，分儀容、敬業、對顧客和對同事四項；對推銷人員、櫃檯人員和同業間應有的禮儀方面，就一般應注意的事項和禮儀等作了說明。

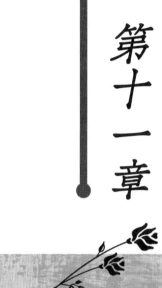

第十一章

國際禮儀

第一節 一般的國際禮儀

一、什麼是國際禮儀

國際社會係由主權國家所組成的社會,每一國家有其獨特的文化背景、政治體制和不同的宗教及禮節習俗。如我國舊時即以「上國」自居,天下以我為獨尊,四鄰為夷狄,中國是太上國家,清朝的律規,凡是藩屬或外國使臣晉見皇帝,必須行三跪九叩之禮,當時英國派使來華,即遭受這種屈辱,無形中妨害了邦交正常的發展。清朝的這種入覲禮,即與當時歐美各國的禮節不同。因此,國際間經長時期的循序演變,將文明國家採行的禮節和習俗,融合成普遍被接受的規範,這種規範雖無強制性,但已被接受為禮節,這就是國際禮儀。

國際禮儀既是規範國際間,國與國、政府與政府、人民和人民間的來往,因此,諸如國際會議的召開、彼此官員互訪的接待、條約的締結、文件的來往,乃至民間的交流,都須遵循此種文明國家接受的原則,否則爭執或衝突,在所難免。此種國際禮儀中,為規範國與國間,與政府和政府間的官式來往規範的,又可稱外交禮儀。例如元首係代表國家,他的出國訪問所代表的是國家而非其個人,因此接待的國家必須以國賓之禮接待,如抵離時派軍機護送、放禮砲二十一響、檢閱儀隊一營、派開導的摩托車二十四輛、必須以國宴款待等。因此,外交的酬酢與私人方面的應酬不同,官式的禮節不能逾越。

由於各國政治體制、文化和宗教的不同,所採行的外交禮節也不盡相同,為有所遵循,我政府即曾於民國三十二年制訂《外交禮節》一書,奉行政院令核准施行,其後又於民國四十三年加以修訂,而作為採行的準則。

二、國際禮儀的範疇

國際禮儀規範國與國間，包括政府和人民來往的準則，所規範的範圍包括：

1.典禮 (ceremony)：國家元首的就職，閱兵典禮，王室之婚嫁，國慶日之慶祝，元首之喪葬，及一般民間之婚、喪、喜、慶等之慶、賀、弔、唁，均屬於典禮的範圍。

2.應酬 (etiquette)：屬社交場合，人與人間交往，日常生活等應注意的細節和被普遍遵守的方式。一般歐美有關國際禮儀的著作，即以 Etiquette 為名，所探討的範圍，包括日常生活如衣著、家庭、行為、交談、拜訪、宴會、婚、喪、喜、慶、社交等。

3.禮貌 (courtesy)：屬個人日常生活及行為，所應具有的良好風度，如長幼有序、男女有別、內外有分、以禮待人、以笑容迎人等，都是屬於禮貌的範圍。

4.文書規範 (protocol)：屬政府與政府間及一般人民間之書信函件之來往，乃至訂約立書等，應以何種格式、應如何稱呼、應用什麼詞句等，均屬於文書規範的範圍。

由於政府與政府之間的來往，層次之不同，或邦交之有無，乃至任務之不同，其所適用的禮儀有別。因此國際禮儀的適用，常因人、因時、因事、因物的不同而有別，並非以一準則可以適用於各案例。尤其國際禮儀隨時間的變化和各國趨於改進的發展，亦逐漸演變中，某些禮儀在經過一段時間後會有改變。清朝時要求外國大臣覲見要行三跪九叩之禮，清朝的總督接見外賓要先擇黃道吉日，先總統　蔣公在世時，駐華大使呈遞國書，參與典禮之文武官員要穿大禮服或藍袍黑褂等，均已改變即是例子。

三、國際禮儀規範的事項

本書前述各章，包括食、衣、住、行、育、樂各項的禮儀，融合了文明國家所遵循的禮節，可以放之四海而有所依憑，亦為國際禮儀的一部分。然則，國際禮儀為規範國與國間，政府與政府間，及人民與人民間的禮儀，範圍較廣，尚有其他事項於本書前章未介紹者，茲分述如後：

㈠國旗的懸掛法

1.國內有關國旗的懸掛法

依「中華民國國徽國旗法」的規定，國旗之懸掛法如下：

遇國慶日需於門首懸掛國旗時：「門首懸掛國旗時，應懸掛於門楣之左上方，旗桿與門楣成卅度之角度。如用兩面國旗時，可交叉懸掛於門楣之上，或並列於大門兩傍。」

禮堂及集會場所掛旗的方法：「政府機關學校團體及軍事部隊，應於禮堂及集會場所之正面中央，懸掛國旗於國父遺像之上。」

室外掛旗的時間：「室外懸掛國旗之時間，自日出時起，至日落時止。」

下半旗時的掛法：「下半旗時，應先將國旗昇至桿頂，再下降至旗身橫長二分之一處；降旗時，仍應昇至桿頂，更行下降。」

2.國旗和外國旗一同懸掛法

依政府頒《外交禮節》一書第四條規定：「外國元首到達首都時，車站、機場或船埠結綵懸旗，以本國國旗與該國國旗交插於車站、機場或船埠大門之上。」事實上，國內為舉辦國際活動如國際會議、選美、獅子會、自由日等，均在會場掛各國國旗。國旗與外國國旗並用時，規定如下：

「國旗與外國旗並用時，旗幅之大小及旗桿之長短須相等，本國旗居外國旗之右，外國旗居本國旗之左，交叉懸掛時，國旗之桿居上。」情形如圖 11-1。

3.國旗與其他旗幟如會旗並掛時，依規定國旗應居右，且旗桿宜稍高，國旗要大於會旗。若國旗與二個其他旗幟懸掛時，則國旗應居中。

4.萬國旗的懸掛

在懸掛許多國家或萬國旗時，我國國旗應居首，其他國家之國旗則依

各國國名英文字母之順序而排列。如係會議場或禮堂主席臺分兩旁懸掛時，則以右列首位為我國旗，左列首位為第一順位，再以右左，右左之順位，依序排列。

　5.無邦交國家國旗的懸掛法

　　內政部於民國六十八年十月二十七日，以「臺內民字第四九七三九號函」規定，絕對禁止懸掛共產國家之旗幟。對無邦交但屬友好之國家，政府並無禁止懸掛之規定。民國七十八年四月在臺北舉辦的全球小姐選美，內政部同意主辦單位得在室內懸掛與會共產國家包括蘇聯之國旗，對禁止懸掛共產國家國旗之禁令已放寬。

圖 11-1　交叉懸掛

　6.華僑在旅居國懸掛我國國旗之懸掛法

　　華僑旅居國外，遇有聚會需懸掛我國國旗時，必須與旅居國國旗同時懸掛，旅居國國旗居右，我國國旗居左。同理外國旅華僑民需懸掛其本國國旗時，應一併懸掛我國國旗，我國國旗居右，其本國國旗居左。

　　7.懸掛各國國旗的旗桿必須高度即長度相等，旗幟大小也要一致。

㈡優先次序

在國際禮儀中，一個很重要的原則，那就是先後的次序 (order of precedence) 的問題。在前述各章中，有關座位，介紹各節中，已略列述先後次序的基本原則。以目前工商發達，來往密切的時代，對若干場合中優先次序的安排，不能不有所認識，茲述如後：

甲、中外官員同列席時先後次序的排位問題。

同一場合中，如有中外佳賓，而又是高級首長，這時的座位要如何排定？依《外交禮節》第八十一條的規定：外交團及本國政府長官同時參加總統公宴時，其座位次序如下：

1. 總統
2. 副總統
3. 各國駐華大使（通常依呈遞國書先後之次序）
4. 五院院長及副院長（依五院排列之次序）
5. 外交部長
6. 最高法院院長
7. 五院所屬各部會首長及政務委員
8. 本國現任大使
9. 各國駐華公使（通常依呈遞國書先後之次序）
10. 參謀總長
11. 總統府秘書長、參軍長
12. 其他特任官員
13. 省主席
14. 外交部次長
15. 本國現任公使
16. 立法委員監察委員
17. 各國駐華專任代辦（依到任先後之次序）
18. 各國駐華臨時代辦（依任臨時代辦先後之次序）
19. 五院所屬各部次長
20. 各國駐華使館參事以上之首席館員

21.各國駐華武官

22.其他簡任文武官員

乙、國際會議如有許多國家的代表與會，排名先後的問題。

國際會議中，有許多國家參加，由於每個會員國都是主權國家，排名的先後，不能以國家的強弱或密切友好為取捨。國際間通行的排名原則，採行「字母排列」(alphabetical order)，即以每一國家國名的頭一字母，以字母的先後排列，同一字母中，再以其第二個字母的先後排列，如下列各國的代表一同參加一國際會議，則其排名的次序如下：

1. 阿根廷 (Argentina)

2. 保加利亞 (Bulgaria)

3. 加拿大 (Canada)

4. 智利 (Chile)

5. 哥倫比亞 (Colombia)

6. 丹麥 (Denmark)

7. 斐濟 (Fiji)

8. 日本 (Japan)

9. 馬來西亞 (Malaysia)

10. 波蘭 (Poland)

11. 西班牙 (Spain)

12. 委內瑞拉 (Venezuela)

至國際會議的場合，各國國旗的懸掛，亦依此原則。

丙、訂約時，締約國簽署時排名問題。

國與國間，或多國間，乃至民間機構或公司間簽約時，排名問題，係採「輪流」(alternate) 的原則。此乃由於國家主權至上，各國均不願屈就於他國之後。簽署的國家代表均希望自己簽在首位，為解決此項困難，國際間採納每國代表得在其保存之條約上首先簽字，即簽在首位，其他國家則以字母的次序排名，如加拿大、日本、印尼、菲律賓同簽署一多國性之條約，則各國代表簽署的次序如下。民間公司機構的簽約，亦可比照使用。

1.加拿大保存之條約，各締約國簽署的次序為

Canada（加拿大）

Indonesia（印尼）

Japan（日本）

Philippines（菲律賓）

2.日本保存之條約，各締約國簽署的次序為

Japan（日本）

Canada（加拿大）

Indonesia（印尼）

Philippines（菲律賓）

如印尼或菲律賓保存之條約，各締約國的簽署次序類推，民間社團參加國際活動，如有締結協議或合約之情形，應比照此原則，藉以維護國家的尊嚴。

㈢慶、弔、慰事項

國際間的來往，慶弔事項亦為一主要項目，國與國間，遇有喜慶，必相道賀，遇有國喪乃至重要政府首長親屬的逝世，也相弔唁，遇有天災地變乃至慘重的意外事件如美國太空梭的爆炸等，也相慰問，而民間的生日、結婚、升遷、落成、添丁弄瓦等喜事，應予道賀，遇有喪事災難亦應加慰問，這種友善的表示，乃基本禮儀的範疇。

甲、以電報或函件申賀：國與國間，或異國朋友間，遇喜慶，宜以電報或函件申賀。茲舉數例如下：

1.國家間國慶的道賀：例由元首及外長，分別致電對方的元首及外長，賀該國元首政躬康泰，國運昌隆。其電文的格式如下（如我總統賀巴拿馬國慶）：

On auspicious occasion of national day of the Republic of Panama, I take great pleasure in extending to Your Excellency my sincerest congratulations and best wishes for your personal well-being and continues prosperity of your nation.

2.如賀朋友壽辰，可祝朋友身體健康，萬事如意。

On this happy occasion of your birthday, I have the pleasure in extending to you my warmest congratulations and best wishes for your good health and continued success.

3.如賀朋友新婚，可祝婚姻美滿。

On this happy occasion of your wedding, I take pleasure in extending to you and Miss...my sincerest felicitations and best wishes for the happiness of your married life.

4.如賀某總經理上任，可祝其勝任愉快，鴻圖大展。

Please accept my sincerest congratulations on your promotion as general manager and best wishes for your great success in your new position.

乙、以送名片申賀：此為最簡單方便的道賀方式，單身的場合可用個人的名片，夫婦聯名的場合，可用夫婦具名的名片，用鉛筆在左下角書寫下列簡短的賀詞即可。如：

謹申賀忱（p. f. 用小寫，此兩字母係法文的 pour fêté）於一般慶賀的場合均可適用。如需送禮，於所附名片中，亦應書寫此謹申賀忱二字。

此外，亦可書寫下列不同的賀詞，如：

1.賀結婚快樂：Best Wishes For Your Happiness

　　　　　　　Best Wishes For Your Lasting Happiness

2.賀生日：Best Wishes For Your Happy Birthday

　　　　　Many Happy Returns of the Day

3.賀畢業：Sincerest Congratulations on Your Graduation

4.情人節，願此情不渝：I Hope You Are Still My Valentine

5.賀聖誕節：Sincerest Seasons Greetings

6.賀新年如意：May New Year Bring You Health and Happiness

7.賀喬遷誌喜：New Home, New Life

8.祝一路順風：Bon Voyage

　　丙、以電弔唁：國家與國家之間，為顧及邦誼，對友邦元首或重要政府官員的逝世，例皆立即弔唁。民間的來往，遇親友的過世，也應表示慰問，以海天遙隔，最簡便的方式，莫如電唁，其例如：

　　驚聞令尊逝世，無任哀悼，祈節哀順變。

I was deeply shocked and saddened to learn of the death of your father. Please accept my profound sympathy and condolences.

　　亦可簡單電文致唁如無任哀悼。

My heartfelt sympathy in your great sorrows.

　　丁、以名片致哀：此為最簡便的致哀方式，可在名片之左下角書「敬唁」，或以法文的「敬悼」（p.c. 即 pour condoléances）兩字。亦可以簡單措詞，以表哀忱，如衷心的哀悼 Heartfelt condolences to you. 或深表哀忱 With deepest sympathy 等。

　　戊、以電慰問：友人得病，外國友人的重大災難，或外國友人所屬國家的天災地變，作為朋友，應伸出友誼之手，加以慰問。此種慰問最簡便的方式，莫如電報或書信，如：

　　1.慰問朋友生病，祝其早日康復。

I learn with deep concern of your recent illness. Please accept my best wishes for an early recovery.

　　2.慰問地震（水災、火災）所造成人命及財產重大的損失，敬致同情之意，並祝早日復建。

I have been deeply distressed to learn to the disastrous earthquake (flood, fire) which has caused such heavy losses in life and property. Please accept my heartfelt sympathy and my sincere wishes for early recovery.

第二節　機場接待禮儀

依據我觀光局統計的資料，我國於民國七十七年度入境的國際觀光旅客約一百七十萬人，而國人出國旅遊者，每年已超過七十萬人以上。迄民國九十二年底，入境觀光客為 2,248,117 人（九十一年為 2,977,692 人）。出境旅遊國人則為 5,923,072 人（九十一年為 7,319,466 人）。從資料顯示，受 SARS，影響出入境觀光客均較九十一年為少。在外籍觀光客中，有不少是來臺從事經商貿易者。以我貿易的蓬勃發展，從事工商界的人士，多少會有機會赴機場迎接遠道而來的顧客。迎接如儀，到底需要注意那些事項？茲分述如後：

1.赴機場前，應先打電話向航空公司，尤其是國際機場查詢，班機定於幾時幾分到達。由於航空公司班機常會因天候狀況如濃霧，不可抗力因素如機械故障檢查，或清倉不及而延遲起飛，而橫渡太平洋的班機，因同溫層順風的關係，而提前到達，故宜先查明班機確實抵達的時間，免得到了機場猶需苦候，或客人已到，且無人接待的尷尬局面。

2.如果客人係具有身分的貴賓，而自己服務的單位又具有社會地位，如係國營公司迎接外國重要客戶；或係某市鎮公所人員迎接締結姊妹市鎮的外國親善人員；或係服務於某大學，奉派迎接外國某大學校長等，則可以機關之名義，申請貴賓證，進入機場內，在空橋出口處迎接。

3.桃園國際機場每一航空公司均有貴賓室，如客人係貴賓，可洽航空公司借用其貴賓室，將客人安排在貴賓室休息，候辦妥行李通關等手續。

4.任何國家的國際機場，海關及入出境查驗處，絕對禁止閒人入內。如客人非特別的貴賓而係普通的客人，迎接者僅能在出境大廳等候。而出境大廳之候客人潮幾人山人海，客人一出海關出口處，左右兩方向皆可離去，故陌生之客人，常難以指認。

5.如客人從未謀面，應事先告知抵華入境時，是否會派人迎接及派何

人迎接，如是客人自會在機場等候。

6.如迎接的係陌生的客人，不妨以紙板書寫其姓名，在出境大廳瀕出口處舉示，供客人辨認。

7.通常較大的觀光飯店會有人員接送客人，如自己迎接之客人已訂妥某大飯店房間，可請某大飯店協助迎接。

8.如迎接者非個人，而係團體，則宜請由旅行社協助接待。旅行社人員可進入出境大廳之內隔間，較易接待。

9.如迎接之客人係殘障，或病患，應洽請航空公司協助照料。航空公司有義務協助接待此類客人。

10.如客人係貴賓且攜眷同行，可備妥花束或花環，於迎接時獻花，迎接者宜攜眷前往迎接。

11.接到客人後，勿忘陪同客人至出境大廳臺灣銀行櫃臺兌換臺幣，俾付車資或小費等立即需支付之費用。

12.迎接客人，於詢問姓名，或已認出客人後，應自我介紹，並致歡迎之意。於稍寒暄後，再驅車入城。

13.入境的客人有時因攜帶物品係違禁品或係應稅品，致難免在海關停留辦理手續。如旅客多已出境，而自己所欲迎接之客人未出現，勿忘查明該班機旅客名單。如旅客名單中已列名，則可確定已抵臺。遇此情形，可請航空公司人員協助查明，是否仍滯留海關內。

第三節　旅館的接待禮儀

旅館尤其是觀光飯店，為高級之服務業，收費高昂，因此要有第一流的服務品質。櫃檯、房間及餐飲部門，對客人之服務，務必有禮，並使客人賓至如歸。應有的禮儀，茲分述如下：

一、櫃檯的接待禮儀

　　旅客抵旅館後，第一件要做的是投宿的登記 (check in)。旅客中，可能有的是第一次來華，也可能有的沒有訂妥房間，所以櫃檯職員的態度，會直接的給予旅客對旅館，乃至對我國好或壞的印象。協助旅客作投宿登記，應注意的禮節如下：

　　1.職員的基本禮儀，如要注意儀容，穿著要整齊，頭髮要梳洗乾淨，皮鞋要擦亮等，在前述業務員應有的禮儀中已詳述。

　　2.必須面帶笑容，保持禮貌。

　　3.「顧客至上，服務第一」，旅客到了櫃檯要 Check in，職員應親切的主動服務，如寒暄表示：

　　　　早安，先生，我能幫助你嗎？ (Good morning, sir. Can I help you?)

　　　　先生，你有否訂房？ (Sir, have you made a reservation?)

　　4.如客人曾訂房間，職員應審度客人的能力，儘量將好的房間，即價位高的房間推介給客人，並介紹房間的優美處，等旅客接受後，應請旅客填具住宿登記卡 (registration card)。

　　5.櫃檯職員應檢查客人填寫的住宿登記卡是否清楚，並詢明旅客退宿的日期，同時詢明付款的方式，如果是以信用卡付款，則應將旅客信用卡的號碼登記下來。

　　6.旅客辦妥住宿手續，櫃檯職員應填寫房間卡 (rooming slip)，寫明旅客姓名及房間號碼，派行李服務生 (bellman) 領取鎖匙，將房間卡副本交執，攜帶客人的行李，招呼旅客到房間。

　　7.櫃檯職員應將登記卡副本通知總機及詢問處。

　　8.對未事先訂房的旅客，而飯店又無房間可出售時，應自動為其試訂其他旅館，訂妥後，宜請行李服務員照料該旅客，代僱車，並送其離去。

　　9.倘客滿有超額訂房之旅客情形，應替無法獲得房間之旅客妥為介紹附近旅館，並應留意有空房時，優先通知此種旅客。

二、服務生照料客人的禮儀

1.行李服務生照料客人進房間後，應立即服務，如打開室內的電燈，將行李放妥在行李架上，向客人說明房間內設備的使用方法，如冷氣、電視、音樂等。同時並應備妥飲用水後，向客人鞠躬，表示「還有什麼吩咐」後再離去。

2.如客人進入房間，發現房間並不令其滿意而要求換房間時，行李服務生應在房間內立即與櫃檯連絡，於獲得安排後，先去服務檯借用鎖匙，於照料房客進入新換房間後，取回房客原來的鎖匙，向櫃檯繳還後，再領取新房間鎖匙交給房客。

3.房客如賞賜小費，應表示謝意。

三、如房客是重要客人時

1.應指派經理級人員在門口迎接，並酌送至電梯口，或親自陪同客人至房間。

2.重要的客人不宜要求應向櫃檯辦理投宿手續，飯店應指派櫃檯職員向貴賓之陪同人員，或機關指派之陪同人員索取貴賓之文件，辦理投宿登記。

3.為表示歡迎之意，飯店宜以董事長或總經理名義酌送花籃或水果籃，於貴賓未抵達前，即備妥並放置其下榻之房間。

四、對團體的接待禮儀

1.櫃檯應事先將房間分配妥當，俾免團體之客人湧到，櫃檯會忙亂不堪。

2.團體之旅客湧到，宜先分發鎖匙及住宿登記卡，飯店應加派人手，

協助照料。

五、旅客辦理退宿的禮儀

1.旅客表示要辦理退宿手續 (check out) 時，櫃檯職員應指派服務生至房間，協助搬下行李。

2.櫃檯職員應有禮貌的請旅客結帳，並收回鎖匙。

3.旅客繳回鎖匙，櫃檯職員應客氣的道謝，並祝客人一路順風、旅途愉快、歡迎再來等。

4.行李服務生照料房客僱車搬運行李上車時，應請旅客點清行李，記下行李件數及車號，俾一旦行李遺失，可資追尋，並應向旅客說「再見」或「歡迎下次再回來」。

5.如旅客辦理退宿後暫往中南部，需寄放行李，則必須請行李服務生在寄存行李單 (hold baggage slip) 上詳填行李件數、品名、日期等，並請旅客簽字後，將副本交旅客收存。俟客人返旅館辦妥投宿手續，行李服務生應先向旅客要回行李寄存單副本，註明旅客之新房間號碼，於取回行李交還旅客時，應請其在行李單上簽收。

六、對來飯店用餐客人的接待禮儀

任何飯店均視餐飲部門為營業的主要項目。一般來飯店用餐的客人，進入飯店後，即直接赴餐廳，因此主要接待工作為餐廳之服務員。餐廳之領班或服務員在接待方面應注意的禮儀如下：

1.儀容要端莊、服務要整潔，此種基本要件，一如櫃檯職員。

2.必須面帶笑容，親切待人。

3.客人來到，應有禮貌的招呼，並引導客人就座。

4.領班侍候客人點菜，應有耐心，並宜自動推介時鮮好菜。

5.遇客人有大規模的宴會。餐飲部應提供最佳服務，包括佈置、服務

及菜餚的注意烹飪等。

摘　要

　　每個國家有其獨特的文化背景、政治體制、宗教和禮俗，其人民所遵行的禮節，有時不盡相同。國際間，由於國與國，人民和人民間，經過了長時期的交流，逐漸的發展了被大家接受並遵守的禮節和規範，就是「國際禮節」。

　　國際禮節乃文明世界的國家和人民所必須共同遵守的規則。它的範圍，不論是典禮、應酬、禮貌或是文書規範，已被大部分的國家和人民接受。事實上，本書所書各章節所述，包括個人的禮儀、食、衣、住、行、育、樂、辦公室和其他的禮儀，都是國際禮儀的一部分。本章另列國際禮儀，只是將前述各章中未曾介紹的國旗的懸掛法，排名優先秩序，慶、弔、慰事項，機場接待禮儀，旅館的接待禮儀等，略作介紹。當然國際禮儀中，尚有許多項目，惟本書因篇幅所限，無法一一介紹。

參考書目

一、中文部分

中華文化復興運動推行委員會：《國民生活手冊》

中華民俗改進協會：《禮儀規範》

內政部印：《國民禮儀範例》

王夢鷗註譯，王雲五主編：《禮記今註今譯》上冊及下冊

外交部編印：《外交禮節》

外交部編印：《國民對外交際常識》

任覺五：《立達文稿》第三編至第六編

何聯奎：《中國禮俗研究》

長谷恭就著，林懷卿譯：《推銷秘笈》

凌楚珣：《西洋禮貌》

唐京軒：《現代外交禮節》

孫武彥、謝明城：《餐飲管理學》

徐茂雄：《餐飲實務》

紐永建：《修齊治平嘉言錄》

國防部印：《中華民國軍人禮節》

張仲仁：《國際禮儀》

張　群：《談修養》

教育部訓育委員會編印：《訓導手冊》增訂本

臺北市觀光旅館商業同業公會編印：《旅館餐飲實務》

歐陽璜主編：《國際禮節》

穆　超：《西洋禮俗》

二、外文部分

Bickley N. B.: *A Manual of Etiquette*

Eicher Lillian: *The New Book of Etiquette*

Martin Judith: *Miss Manner's Guide to Excruciatingly Correct Behavior*

Post Elizabeth L.: *Emily Post's Complete Book of Wedding Etiquette*

Post Elizabeth L.: *Emily Post's Etiquette*, 14 Edition.

Satow Ernest: *Satow's Guide to Diplomatic Practice*

Vanderbilt Amy: *Complete Book of Etiquette*

貿易英文撰寫實務　張錦源／著

　　這是一本「學貿易英文做貿易、做貿易學貿易英文」的實用書，是作者以其多年從事外匯、貿易的經驗撰寫而成。全書首先介紹貿易英文信函的結構與貿易英文文法；其次循進出口貿易的程序，將進出口商在每一階段的往來函電，舉實例說明其撰寫要領及應注意事項，並從貿易實務觀點作詳盡的注釋。透過本書，讀者不僅能了解貿易英文函電的寫作要領，亦可學到貿易實務的技巧。

國貿條規解說與運用策略　張錦源、劉鶴田／著

　　國際商會制定的國貿條規 (Incoterms) 已在國際貿易社會中取得主導地位，本書除詳細解說與分析 Incoterms® 2020 的內容外，更用心歸納出 Incoterms 的 12 個基本原則，並佐以相關的案例來幫助讀者瞭解，且各章章末皆附有習題供讀者練習，是一本理論與實務並重的書籍。此外，本書尚從策略面剖析廠商與業界人士選用貿易條件的方式，並對與貿易物流有關的付款方式、運送組織與保險應用等皆有具體的闡述，深信對廠商、業界人士以及相關科系的學生能有很大幫助。

英文商務契約導讀　吳仲立／著

　　迎接 WTO 的來臨，「英文化、國際化、全球化」已不再是口號，而將是難以抵擋的趨勢與潮流。若您不願自外於這股風潮、不希望輸在起跑點上，本書絕對是您不容錯過的佳作。本書兼具基礎性、專業性、易懂性與實用性，以深入簡出、無壓迫感的編排方式導讀英文契約。適用對象包括企業經理人、公司法務人員、商務人士、法律工作者、法商學院學生、英文系學生、求職者等。

國際貿易實務新論　張錦源、康蕙芬／著

　　本書旨在作為大學與技術學院國際貿易實務課程之教本，並供有志從事貿易實務的社會人士參考之用。本書特色有：
1. 內容詳盡：按交易過程先後步驟詳細說明其內容，使讀者對全部交易過程能有完整的概念。
2. 習題豐富：各章章末均附有習題和實習，供讀者練習。
3. 備課方便：提供授課教師教學光碟，以提升教學成效。

國際貿易與通關實務　賴谷榮、劉翁昆／著

　　本書第一篇為「貿易實務」，著重在國際貿易概念、信用狀以及進出口流程等國際貿易中的實務部分。第二篇「通關實務」大篇幅說明進出口通關之流程、報單、貨物查驗、網路系統等實務操作，亦說明關稅、傾銷、大陸物品進口以及行政救濟之相關法規。第三篇「保稅與退稅」，說明保稅工廠、倉庫以及外銷沖退稅之概念及相關法規。全書皆附有大量圖表以及實際單據，幫助讀者降低產學落差，與實務接軌。而各章章末也收錄練習題，方便讀者自我檢測學習成果。

國際貿易原理與政策　康信鴻／著

1. 基礎理論到實務：詳盡說明基礎國貿理論，並延伸至近期國際熱門議題如中美貿易戰、TPP 改組、英國脫歐等。
2. 立足臺灣看世界：各章內容皆以臺灣為出發點，詳盡說明國際貿易議題及其對臺灣之影響，擴展讀者視野，瞭解國際情勢與生活息息相關。
3. 摘要習題加討論：各章章末皆附有摘要和習題，幫助讀者複習。內文段落亦提供案例討論，有助教師授課以及讀者延伸思考。